hänssler

HANS-JOACHIM HEIL

Perlen in Gottes Wort

66 kostbare Gedanken

Pfr. Hans-Joachim Heil ist Eheberater und Vorsitzen-
der der FAMILY LIFE MISSION.
Er ist verheiratet mit Ruth Heil und hat elf Kinder
(davon eines adoptiert).

Die Bibelverse sind in der Regel der
Luther-Übersetzung 1999,
© Deutsche Bibelgesellschaft, Stuttgart,
entnommen.

hänssler-Hardcover
Bestell-Nr. 393.713
ISBN 3-7751-3713-0
© Copyright 2000 by Hänssler Verlag,
71087 Holzgerlingen
Titelfotos: MEV
Umschlaggestaltung: Carmen Knoll
Satz: AbSatz, Klein Nordende
Druck und Bindung: C. H. Beck'sche, Nördlingen
Printed in Germany

Inhalt

Vorwort

Das Wort Gottes lässt niemanden unverändert. Seine ewig gültigen Aussagen geben Orientierung. Historische Berichte und zukunftsgerichtete Botschaften finden sich darin. Eingebettet in diese unterschiedlichen Textarten sind die Berichte über Gottes Handeln. Sie alle belegen, dass Er ein ewiger, unvergänglicher Gott ist, der auf das Rufen der Seinen hört und sich ihnen zuwendet. Seine Macht ist unbegrenzt. Der Blick in die Geschichte Israels und die Gemeinde von Jesus belegt, dass sein Wirken nicht zum Abschluss gekommen ist. Die vielfältigen Zeugnisse laden den Leser ein, sein Herz dem Gott der Bibel zu öffnen und durch Ihn neues Leben zu empfangen.

Die biblischen Texte sprechen immer wieder neu. Auch wenn man sie im Lauf der Jahre häufig gelesen hat, bringt jede weitere Betrachtung ein persönliches Berührtwerden. Sie ermutigen und sie hinterfragen uns. Es handelt sich eben nicht nur um Aufzeichnungen aus früheren Zeiten, sondern um Botschaften, die eine individuelle Note haben und deren Gehalt stets aktuell ist. Gott spricht durch das überlieferte Wort. So gewinnt es für uns eine ganz besondere Bedeutung.

Wer mehrere Bibelausgaben miteinander vergleicht, stößt auf Abweichungen bei der Wiedergabe des Textes. In der Regel handelt es sich nicht um Übersetzungsfehler, sondern um den Versuch des Übersetzers, von verschiedenen Verstehensmöglichkeiten die ihm am plausibelsten erscheinende zu vermitteln. Schon bei modernen Sprachen kann es schwierig sein, die Aussage anspruchsvoller Texte inhaltlich und von ihrer Zielsetzung her korrekt wiederzugeben. Für die alten Sprachen gilt das um so mehr. Das Studieren des hebräischen und aramäischen Originaltextes hat mir die Bedeutung vieler Stellen in einem Maße erschlossen, wie es eine deutsche Übersetzung nicht vermag. Was wir Altes Testament nennen, war die Bibel von Jesus. Israels Existenz ist noch heute von ihr geprägt. Jesus und seine Apostel bezogen sich immer wieder auf die Thora, die Propheten und die Psalmen. Ihr Denken war jüdisch, ihre Sprache hebräisch und aramäisch.

Die Ausbreitung des Evangeliums in andere Länder erforderte die Verwendung des Griechischen, das neben dem Lateinischen die Verständigung in den meisten Ländern möglich machte. Deshalb ist uns das Neue Testament in griechisch überliefert. An etlichen Stellen schimmert eine ursprünglich hebräische Vorlage durch.

Mittlerweile ist die biblische Botschaft in unzählige Sprachen übersetzt worden. Pastoren, Missionare und Sprachwissenschaftler bemühen sich, die Bibel möglichst allen Völkern zugänglich zu machen. Es geht darum, diese Menschen vor der Verlorenheit zu bewahren und ihnen die Rettung in Jesus Christus zugänglich zu machen. Ein Buch – die Bibel – findet seinen Weg an Orte, wo Mission kaum möglich wäre. Die von Gottes Geist durchdrungenen Schriften verändern das Leben der Menschen. Gemeinden entstehen oft ohne Zutun eines Missionars.

Seit meiner Bekehrung als Sechzehnjähriger hat die Bibel stets eine besondere Faszination auf mich ausgeübt. Sie zu kennen und immer tiefer zu verstehen war für mich gleichbedeutend mit stets neuen Begegnungen mit dem lebendigen Gott. Voller Ehrfurcht lese ich, wie gewaltig er in der Geschichte seines Volkes wirkte. Auch im Wachsen der Gemeinde von Jesus erweist der allmächtige Gott sich bis zum heutigen Tag.

Die Bibel macht mich fröhlich und demütig, sie führt mich zur Buße, wenn sie mir große oder auch kleine Sünden aufdeckt, – und sie erfüllt mich mit Jubel, wenn ich Vergebung erfahre.

Da Gott keine Schwierigkeiten damit hat, mich schwach und begrenzt zu sehen, bejahe ich die Einschränkungen, mit denen ich leben muss. Er sagt: »Meine Gnade genügt für dich. Denn meine Kraft kommt in Schwachheit (oder: durch Schwachheit) zur Vollendung« (vgl. 2. Korinther 12,9).

Es ist der Heilige Geist, der das Bibelwort aufschließt und die Umsetzung in unser tägliches Leben ermöglicht.

Die Bibel ist mein wichtigstes Buch! Ohne sie wäre ich arm.

Die hier vorgelegten Andachten erschienen im Lauf der Zeit in dem vierteljährlichen Informationsblatt der »Family Life Mission«.

Ich wünsche dem Leser einen reichen Segen.

Hans-Joachim Heil

1.

Friede, Friede den Fernen und den Nahen, spricht der Herr; ja, ich will sie heilen.

Jesaja 57,19

Friede – welch ein Wort in einer Zeit der Hetze, der Verzweiflung, des Krieges! Wo ist dieser Friede zu finden, von dem hier die Rede ist? Wir finden ihn bei dem, der uns diesen Frieden zusprechen kann. Und es bleibt nicht beim Sprechen. Was Gott spricht, das geschieht auch. Es wird Wirklichkeit im Leben von Menschen, die diesen Frieden annehmen. Immer wieder dürfen wir Zeugen sein, wie Menschen diese Lebensveränderung erfahren und dabei froh werden. Da schreibt eine 23-jährige Frau: »Vor einem Jahr schrieb ich Ihnen einen Brief, in dem ich um Hilfe bat, weil ich mit mir und meinen sexuellen Problemen nicht zurechtkam und der Verzweiflung nahe war. Sie vermittelten mir eine Familie, mit der ich Kontakt aufnahm und seitdem viel Hilfe erfahren habe. Ich habe gelernt, mich so anzunehmen, wie mich Gott geschaffen hat, und durch die Liebe Gottes bin ich nun auch fähig, meinen Sexualtrieb in den Griff zu bekommen. Dafür bin ich Gott täglich dankbar. – Ich möchte mich an dieser Stelle herzlich bei Ihnen bedanken ...«

Ja, ich will heilen, sagt Gott zu uns. Keiner ist von diesem Heilungsprozess ausgeschlossen, weder die Fernen noch die Nahen. In wunderbarer Weise zeigt uns Gott Wege, wie wir Helfer sein dürfen, schickt uns Menschen aus nah und fern, um ihnen Hilfe weiterzugeben.

2.

»Im Stillesein und im Vertrauen liegt eure Stärke; aber ihr wollt nicht.«

Jesaja 30, 15 b

Was der Philosoph Oswald Spengler schon vor Jahrzehnten auf uns zukommen sah, nimmt immer deutlicher Gestalt an. Doch beschäftigt uns Christen nicht primär der Zerfall der abendländischen Kultur, sondern vielmehr die Einstellung jedes Einzelnen zu Gott, zum Mitmenschen und zum eigenen Leben. Der Fixpunkt, der heute so sehr notwendig ist, ist nur im Glauben an den Gott der Bibel zu finden. Nur Gott gibt uns einen Halt in den Wirren dieser Zeit. Durch den immensen Einsatz in den Aufbaujahren nach dem Krieg gerieten viele Menschen in eine Arbeitshaltung hinein, in der das Besinnen, die Beschaulichkeit und die persönliche Stille zu kurz kamen. Diese Tugenden gilt es zu reaktivieren, auch unter den Gläubigen. Wer in Betriebsamkeit lebt, flüchtet vor Gott! Gott will in der Stille zu uns reden. Er ist uns in Jesus nahe gekommen.

Die Kommerzialisierung des Weihnachtsfestes ist mit dem Glauben an den lebendigen Gott nicht vereinbar. Nicht Hektik und Erschöpfung sollen die Adventszeit kennzeichnen, sondern Besinnung und innere Sammlung. Gott will uns in der Stille begegnen und uns zu Menschen formen, die ihm wohlgefallen. Wo finden wir wieder Stärke? Ganz und gar nicht in der Wirtschaftskraft unseres Volkes, in unserer Karriere und unserem gesellschaftlichen Einfluss, – sondern einzig und allein »im Ruhigbleiben und im Vertrauen«, wie unser Bibelwort sagt. Wer um die Allmacht Gottes weiß, kann auch dann innerlich ruhig bleiben, wenn äußere Sicherheiten durch Krisen schwinden. Der innere Halt des Gläubigen liegt im Vertrauen auf den unvergänglichen Gott begründet, der allen, die ihn suchen, Ruhe und Frieden gibt. Die Stärke des Christen ist nicht etwa eine Qualität, die aus ihm selber kommt, sondern sie wird ihm von Gott gegeben. Unsere Stärke ist und bleibt ein Geschenk, eine stete Gabe Gottes an uns.

Geraten wir in die Betriebsamkeit, so verlieren wir diese Kraft. Wenn wir aber zurückkehren zur Besinnung und zur Orientierung am Vorbild Jesu, dann wird uns diese Kraft neu zuteil. Ich wünsche Ihnen und uns allen, dass wir durch inneres Ruhigwerden und Vertrauen stets neu Stärke finden. Hoffentlich muss nie gesagt werden: »Aber ihr wollt nicht!«

3.

»Was Gott verheißt, das kann er auch tun.«

Römer 4, 21

Schon Abraham wusste um diese Wahrheit und glaubte daran, dass Gottes Verheißungen sich erfüllen würden. Sein Glaube wurde auf eine harte Probe gestellt. Lange musste er warten. Abraham erhielt endlich, was Gott ihm zugesagt hatte, – und zwar durch »Glauben *und* Ausharren« (Hebräer 6, 12 u. 15). Uns allen ist Geduld und Ausharren vonnöten! Ein nur spontaner Glaube ist zu dürftig und gibt kein Fundament für ein christliches Leben ab. Die Nachfolge Jesu erfordert einen beständigen Glauben, der allen Tiefen und Dunkelheiten zum Trotz am Wort Gottes fest hält. An Jesus zu glauben bedeutet eine Herrschaftsübereignung: Jesus wird der Herr unseres Lebens, und zwar bedingungslos und vollständig. Nicht mehr wir selbst oder Gott feindliche Mächte bestimmen unseren Kurs, sondern Jesus! Er hat das gesamte Besitzrecht an uns

14

übernommen, das wir ihm freiwillig und gerne übergeben haben. Mit Jesus »an Bord« wird uns auch der ärgste Sturm nicht zum Sinken bringen, selbst wenn uns noch so angst und bange ist (Lukas 8, 22-25).

Gottes Zusage geht in Erfüllung! Dass Gott Arzt und Therapeut sein kann (2. Mose 15, 26), ist eine Erfahrung, die viele Christen immer wieder machen. Als Zwischeninstanz kann Gott durchaus Menschen mit ihrem Wissen und ihren Fähigkeiten gebrauchen, um Kranken und Verzweifelten Hilfe zu bringen. Dauerhafte Heilung, die bis in die Tiefe des Wesens hinein wirkt und alle Verletzungen aus der Vergangenheit heilt, ist eine der zahlreichen Verheißungen Gottes. Die Neuwerdung durch Jesus gilt nicht nur für den mit Sündenschuld Beladenen, sondern auch für den Menschen, der mit den Lebensproblemen, insbesondere mit Mitmenschen und dem Ehepartner oder den eigenen Kindern, nicht mehr zurechtkommt. In all diesen Situationen kann durch die Kraft Gottes alles neu werden. Seelsorge und biblisch orientierte Beratung sind wichtige Hilfsmittel, um Menschen froh und frei zu machen. »Ist jemand in Christus, so ist er eine neue Kreatur; das

Alte ist vergangen; siehe, es ist alles neu geworden« (2. Korinther 5, 17).

4.

»Wer eine Ehefrau gefunden hat, der hat etwas Gutes gefunden und Wohlgefallen erlangt vom Herrn.«

Sprüche 18, 22

Wie vielfältig sind Gottes Möglichkeiten, uns Menschen Gutes zu tun! Ein wichtiger Abschnitt im Leben eines jeden Menschen ist die Wahl des richtigen Ehepartners sowie des richtigen Zeitpunktes für den Beginn der Ehe. Gottes große Güte zeigt sich darin, dass er oft auch Nichtchristen den für sie richtigen Ehepartner finden lässt. Das Glück ehelicher Freude und Harmonie wird in diesem Falle als vorauslaufende Gnade zuteil.

Wählt man einen Partner, der innerlich nicht oder noch nicht ehefähig ist, so kann das schlimme Folgen haben, die in der Bibel mit einer Krankheit, der »Knochenfäule« (Spr. 12, 4) verglichen werden: man wird dadurch im Innersten, an der eigenen Substanz zerfressen. Die Eheleute befinden sich dann in tiefen Krisen, die sie offen machen für seelsorgerliche Hilfe und Eheberatung. Es ist wunderbar, wenn man beobachten kann, wie göttliche Heilung an der menschlichen Persönlichkeit geschieht. Mit der richtigen Ehefrau (für die Frau: mit dem richtigen Ehemann) tut Gott uns etwas Gutes, ja noch mehr: Gott hat daran Gefallen. Er freut sich mit. Er will uns beschenken und beglücken. Wenn Gott uns dieses Wohlgefallen schenkt, dann begegnet er uns nicht primär als oberste »theologische« Instanz, sondern als Vater. In dem obigen Bibelvers kommt das zum Ausdruck in dem persönlichen Gottesnamen Jahwe, der im Alten Testament sehr oft verwendet wird und den die Bibelübersetzungen meistens mit HERR wiedergeben. Als Person, als liebender Vater will Gott uns führen; er freut sich persönlich mit, und er leidet persönlich mit, je nach unserer Lage. Nie sind wir Massenwesen in seinen Augen, sondern stets Individuen, konkrete Gegenüber, die er liebt und denen er helfen will. So hat Jesus nicht allein die Sünde der Menschheit getragen, sondern die persönliche Schuld und Sünde jedes Einzelnen.

Wer sich bekehrt, erhält neues inneres Leben. Von hier wird auch sein alltägliches äußeres Leben beeinflusst und neu akzentuiert. Die kann in besonderem Maße bereichert werden, wenn Jesus Christus die zentrale Mitte ist. Von ihm her und auf ihn hin gestalten die Eheleute ihr gemeinsames Leben.

5.

Friede sei mit euch!

Johannes 20,26

Gleich dreimal wird dieser Friedensgruß im 20. Kapitel des Johannes-Evangeliums entboten. Uns Menschen muss er immer wieder neu zugerufen werden. Es genügt nicht, sich nur gelegentlich im Frieden zu befinden, sondern der Friedenszustand soll beständig währen.

Friedlosigkeit und Unfriedfertigkeit sind die Hauptkennzeichen der gottfernen Welt. Wer Gottes Angebot annimmt und sich neue, unvergängliche Werte für sein Leben vermitteln lässt, kommt in Frieden mit Gott; er wird gerecht durch den Glauben an Jesus – und erhält Frieden (Römer 5, 1). Der hebräische Friedensgruß »Schalom« bezeichnet nicht nur das, was wir im engeren Sinn unter Frieden verstehen, sondern bezieht das körperliche und seelische Wohlergehen sowie die Unversehrtheit und sichere Geborgenheit mit ein. Wenn wir jemandem Frieden wünschen, dann ist dieses Vollmaß an Wohlergehen und Glück gemeint. Ein Schweigen der Waffen allein – auch die Zunge kann eine schlimme Waffe sein – ist noch kein Friede. Friede herrscht erst dort, wo Verständnis, Achtung, Harmonie – im Inneren und im Äußeren – vorhanden sind.

Das Höchstmaß an Frieden ist nur dadurch zu realisieren, dass Menschen Jesus Christus an die erste Stelle ihres Lebens setzen. Der Epheserbrief (2, 14) sagt deutlich: »Er, Jesus, ist unser Friede.« Erwerb und Erhalt des Friedens sind also daran gekoppelt, dass der Mensch in eine feste, dauerhafte Beziehung zu Jesus tritt und in sein Bild umgestaltet wird. Der wahre Friede ist personifiziert; er steht und fällt mit unserem Verhältnis zum Sohn Gottes. Ohne ihn gibt es zwar flüchtige Friedenserlebnisse, aber nicht die dauerhafte, tiefe innere Ruhe, die allen Erschütterungen standhält.

Christen sollen Friedensstifter sein (Matthäus 5, 9): den gehetzten und gejagten Menschen unserer Zeit den Frieden Gottes anbieten. Die Dynamik des Friedens verändert in einer Weise, die der menschlichen Vernunft unerklärlich ist (Philipper 4, 7). Der Friede des Christen nährt sich aus einer anderen Quelle als der »Friede« (Waffenstillstand und Gleichgültigkeit) dieser Welt.

Biblische Friedensstifter beginnen nicht mit weltumspannenden Friedensplänen, sondern sie konkretisieren den ganzheitlichen Frieden (Schalom) zuerst in ihren »eigenen Hütten« (Hiob 5, 24) und innerhalb ihrer eigenen Mauern (Psalm 122, 7). Wer den Bewährungstest hier und im Umfeld (Arbeitsplatz, Freundeskreis usw.) bestanden hat, wird sehr bald als »Mensch des Friedens« erkannt und geschätzt werden. Man wird sein Glaubenszeugnis annehmen, weil es sich mit seinem Leben deckt.

»Der Friede, den Christus schenkt, soll euer ganzes Denken und Tun bestimmen.« (Kolosser 3, 15)

6.

»Das Reich Gottes steht nicht in Worten, sondern in Kraft.«

1. Korinther 4, 20

Wir alle reden viel. Manches davon ist wichtig, anderes befruchtet über die Kommunikation die Beziehung zu anderen Menschen – und vieles, was geredet wird, ist unnötig, weil es inhaltslos oder zerstörend, vergiftend wirkt.

Es gibt nicht nur gute und schlechte Predigten. Selbst bei den guten ist zu unterscheiden, ob sie nur Richtiges, Wahres sagen, eventuell in rhetorisch geschliffener Form, – oder ob sie einen nachhaltigen Eindruck hinterlassen. Menschen aufzurütteln und ihnen die unvergänglichen Werte des Reiches Gottes vor Augen zu stellen, – sie dahin zu führen, dass sie sich mit Gott und den Mitmenschen versöhnen, das geht nicht nur verbal. Die von unserem Mund gesprochenen Worte – so wohl formuliert sie auch sein mögen – erreichen immer nur das Ohr des anderen. Dass sie zu seinem Herzen dringen, ihn verwandeln und ihm neues inneres Leben zuführen, das ist nur möglich durch die Kraft Gottes.

Dass Worte verletzen können, ist bekannt. Dass Worte aber auch heilen können – nämlich durch die Kraft, die hinter ihnen steht –, erfahren diejenigen, die sich von Gott als Werkzeug gebrauchen lassen.

Wer als ›Zeuge Jesu‹ (Apostelgeschichte 1,8) anderen dient, erwartet trotz aller fachlichen Kompetenz die entscheidenden Veränderungen bei Hilfe suchenden Menschen immer nur durch das Eingreifen der gewaltigen Hand Gottes. Dies lässt uns von Gott abhängig bleiben, und es hält uns demütig, so dass wir dem allein die Ehre geben, dem sie gebührt: dem lebendigen Gott!

7.

Durch Glauben …

Hebräer 11

Der Glaubensbegriff der Bibel bezeichnet nicht ein Ahnen oder Vermuten, in der Bedeutung von: nicht wissen. Auch geht es nicht primär um das dogmatische Fürwahrhalten, sondern um etwas, das unsere Existenz erfasst, mit einbezieht und sie umgestaltet. Der biblische Glaube ist eine Lebenskraft, die ihren Quellgrund in Gott hat und ihre Auswirkungen im menschlichen Leben zeitigt.

Eine persönliche Verbindung mit dem lebendigen Gott zu haben und zu pflegen, das ist es, was die Bibel als Glauben bezeichnet. Ein solcher Glaube setzt Akzente, er weist den Weg in eine Zukunft mit Gott. Diese Zukunft mag Großartiges und Überwältigendes bringen – durch den Glauben –, sie mag aber auch viel Leid und Not beinhalten – um des Glaubens willen. Beide Optionen des Glaubenslebens werden im

11. Kapitel des Hebräerbriefes geschildert. So bewirkt der Glaube nicht immer eine Änderung der äußeren Verhältnisse, wohl aber unserer inneren Haltung, – und somit stehen wir dann doch darüber. In Jesu Leben war das Leid (der vermeintliche Niedergang) die Voraussetzung für den Sieg, an dem wir alle – im Glauben – teilhaben dürfen. Das Zerbröckeln äußerer, menschlich angenehmer Sicherheiten ist oft unsere Vorbereitungszeit dafür, dass wir uns an tiefer wurzelnden, unvergänglichen Werten ausrichten und unsere Beziehung zu Gott intensivieren. Die Bibel nennt das: »im Glauben wandeln«.

Gott ist real. Der Glaube an Jesus Christus, den von Gott gesandten Erlöser, ist etwas ebenso Reales. Er dynamisiert unser Leben. Wer intensiv und hingegeben und kindlich-vertrauensvoll glaubt, ist der größte Realist auf Erden.

B.

Hoffnung aber lässt nicht zuschanden werden ...

Römer 5, 5

Hier ist nicht von einem vagen Hoffen die Rede, wie es umgangssprachlich so oft erscheint, z. B.: man hofft auf gutes Wetter. Die in der Bibel beschriebene Hoffnung hat vielmehr einen sehr festen Unterbau. Ihr gehen voraus: Trübsal, Ausharren, Bewährung. Die Bewährung, das Erfahren des Hindurchgetragenwerdens, zeugt die Hoffnung. Eben diese Hoffnung greift auf viele, im Glauben fassbare Erfahrungswerte zurück, die Gott jedem zuteil werden lässt, der sich ihm anvertraut. In dieser Glaubensnachfolge erhält jeder Christ einen verschieden bemessenen Schatz an Trübsal, der über das gläubige Ausharren und die Bewährung dann in eine felsenfeste Hoffnung einmündet, die auch harten Proben widersteht und sich an der von Gott gegebenen Verheißung orientiert. Das uns von Gott gegebene Kapital der Trübsal (das niemand von sich aus sucht und begehrt) trägt Zins und Zinseszins, im oben beschriebenen Sinne; wenn wir in der Lebensschule Gottes bei einer unerschütterlichen Hoffnung angelangt sind, dann haben wir – in Bezug auf das Kapital »Trübsal« – eine hohe Gewinnmaximierung erreicht.

Gott macht uns reich an inneren Schätzen, an himmlischen Gütern (Epheser 1, 3). Der Erhalt dieser durch Jesus Christus vermittelten Güter ist gebunden an die innere Lebensgemeinschaft mit Jesus. Wie Gott seinen Sohn durch Trübsal zum Sieg führte, so lässt er diejenigen, die »in Christus« (2. Korinther 5, 17) sind, nicht nur am Leiden um Christi willen teilhaben, sondern ganz besonders am Sieg Jesu Christi. Sieg über Sünde, Sieg über Hoffnungslosigkeit, und Hoffnung (= Wissen) auf das ewige Leben – das sind geistliche Geschenke Gottes an seine Kinder.
Die Hoffnung, dieser feste Halt, lässt nicht zuschanden werden. Sie ist wie ein Felsengrund, der das darauf gebaute Haus stabil hält (Matthäus 7, 24.25).

»Abraham hat geglaubt auf Hoffnung hin, da (menschlich gesehen) nichts zu hoffen war« (Römer 4, 18) – und Gott beschenkte ihn reich.

»Auf Gott will ich hoffen und mich nicht fürchten!« (Psalm 56, 5).

9.

Die Liebe deckt alle Übertretungen zu

Sprüche 10, 12

Im Zusammenleben der Menschen ist es wichtig, dass man unter Vergangenes einen Schlussstrich ziehen kann, selbst wenn es sehr geschmerzt hat. Der biblische Begriff hierfür ist: Vergebung. Echte, tiefgreifende Vergebung kann nur da stattfinden, wo der entsprechende »Motor« die richtige Motivation liefert: die Liebe. Ohne Liebe gibt es keine Vergebung, sondern man fällt immer wieder in das Aufrechnen alter Taten zurück, die eigentlich schon längst der Amnestie zugeordnet wurden.

Als gerechter Richter hätte Gott ein hartes Urteil über die Menschheit sprechen müssen; als liebender Schöpfer und Vater aber deckt er all unsere Übertretungen zu. Die Strafe, die wir rechtmäßig zu tragen hätten, nahm Jesus auf sich. Damit ist unsere Schuld gesühnt – und unsere Übertretungen sind zugedeckt. Die Erlösungstat Jesu gilt allen Menschen. Wirksam wird sie aber erst dann, wenn ein Mensch dieses göttliche Angebot für sich persönlich annimmt und sein Leben durch die Kraft Gottes neu gestalten lässt. Wer daran vorbeigeht und Jesus Christus ablehnt, ist wie jemand, der die angebotene Begnadigung ausschlägt, die ihn vor einer Urteilsvollstreckung bewahren könnte.

Dass die Liebe eine Menge Sünden zudeckt, erwähnt auch der Apostel Petrus. In 1. Petrus 4, 8 beruft er sich auf Sprüche 10, 12. Er weiß um die Macht von Gottes Liebe schon in den Schriften des Alten Bundes.

Gottes Liebe bringt unsere Sündenschuld zum Verschwinden – durch die Vergebung. Unsere Liebe bringt viele hässliche Taten und lieblose Worte zum Verschwinden und entzieht ihnen die Dynamik, aus der sie sich speisen. Wenn wir lieben, vergeben wir – bedingungslos. Auch unsere Feinde (falls wir welche haben) sind hier einbezogen.

Weil Gottes Liebe in ihnen wohnt, ringen Christen darum, den in Sünde gestrauchelten Menschen zurechtzuhelfen und sie auf den Weg des Lebens zu bringen. Oft geht es auch darum, einen gefallenen Christen wieder aufzurichten, damit er ein neues, kräftigeres, von Gottes Geist durchdrungenes Leben führen kann. Der Apostel Jakobus bezieht sich auf diesen Dienst des Zeugnisses und der Versöhnung, wenn er sagt: »Wer einen Sünder von seinem Irrwege zurückbringt, der wird seine Seele vom Tode erretten und eine Menge von Sünden zudecken« (Jakobus 5, 20).

Das Vorbild Jesu, eine grenzenlose Liebe, soll uns motivieren und bestimmen, damit auch durch unsere Liebe viele Sünden und Übertretungen zugedeckt und wirkungslos werden. Dadurch entsteht neues, wertvolles, unvergängliches Leben.

10.

Geht hin in alle Welt ...

Markus 16, 15

Die Nachfolge Jesu ist nichts Statisches, sondern sie ist dynamisch. Christsein hat mit Handeln und mit Bewegung zu tun: Jesus fordert zum »Gehen« auf, nicht zum Verweilen. Ein Christ lebt auf Abruf, da er immer für einen neuen Sendungsauftrag seines Meisters ein Ohr haben muss. Auf Abruf zu leben setzt das Warten auf einen Ruf voraus. – Sind wir erwartungsvoll Wartende?

Warten ist etwas Aktives. Auf das Kommen Jesu zu warten bedeutet, für ihn zu wirken. Jeder von uns, die wir Christen sind, hat einen Auftrag. Ob dieser in Übersee oder in der allernächsten Umgebung sowie am Arbeitsplatz liegt, entscheidet der Rufende: Jesus. Das Reich Gottes muss überall auf der Welt gebaut und aufgerichtet werden, d. h. das Evangelium muss allen Fernstehenden verkündigt werden. Europa ist weitgehend

heidnisch geworden und stellt ein Missions-
gebiet dar.

Die »Welt«, in die zu gehen uns Jesus auffordert, ist überall; sie ist in Afrika und sie
ist im Nachbarhaus. Überall gibt es »Kinder
der Welt«, denen die Liebe Gottes gilt und
die eingeladen werden sollen, Kinder des
Reiches Gottes zu werden. Ihr Pastor kann
das nicht allein. Mission ist Sache der
ganzen Gemeinde und somit jedes einzelnen Christen. »Euer Licht soll leuchten vor
den Leuten ...« (Matthäus 5, 16). Wie
anders soll denn die Finsternis dieser Welt
überwunden werden, wenn nicht durch das
Licht der Gläubigen?! An ihnen hat sich ja
schon etwas manifestiert, was für die anderen erst noch als Angebot und Verheißung
gilt: »Einst wart ihr Finsternis; jetzt aber seid
ihr Licht in dem Herrn« (Epheser 5, 8).

Lasst uns fröhlichen Herzens das vorleben,
was wir durch die Gnade Gottes geworden
sind: der Finsternis entronnen und ein
Licht in dem Herrn!

11.

»Eine dreifache Schnur reißt nicht so bald entzwei«

Prediger 4, 12

Vieles in der Bibel ist auf Verstärkung angelegt. Mose benötigte Aaron und Hur, damit durch sein Segnen Israel siegen konnte (2. Mose 17). Ein Einzelkämpfer ist in großen Gefahren; in der Gruppe kämpft und siegt es sich leichter (Prediger 4, 9-12). Man stützt und beschützt einander und weiß sich für den anderen verantwortlich.

Nicht umsonst legt die Bibel so großen Wert auf die Gemeinde. Diese ist der Ort, wo die Kranken genesen, die Schwachen stark werden, die Sünder zur Bekehrung kommen und die Gläubigen sich noch mehr heiligen, um ganz dem Herrn zu gefallen. Die Gemeinde ist ein Ort, wo die Herrlichkeit Gottes spürbar und erlebbar ist. Dass dem so ist, sagt Jesus in Matthäus 18, 20: »Wo zwei oder drei in meinem Namen versammelt sind, da bin ich mitten unter ihnen.«

Wo Jesus ist, ist Herrlichkeit. Er, der Friede-fürst, bringt einen tiefen inneren Frieden, – eine Festigkeit im Glauben, die sich auch im Leid bewährt und die der Versuchung standhält.

Ein gläubiges Ehepaar geht nicht allein sei-nen Weg. Gott selbst ist der durchgehende, dritte Strang (Prediger 4, 12), der den bei-den Stabilität, Belastbarkeit und Reißfestig-keit verleiht. Welch ein Glanz ist um ein Paar, das in Fröhlichkeit und Entschieden-heit seinen Glauben lebt, – und wie wird eine Gemeinde durch solche Vorbilder bereichert!

Die Dreiheit Gottes (Vater – Sohn – Heili-ger Geist) und ihre Analogie im Menschen (Geist – Seele – Leib) finden sich auch in der neu gewordenen Einheit zweier Indivi-duen (»ein Fleisch«), worauf die dreifache Schnur hinweist. Die Ehe, als Verbindung zweier Menschen, enthält somit etwas Gött-liches, weil ein Dritter, segnend und hel-fend, im Bunde ist.

12.

»Haushalter über Gottes Geheimnisse ...«

1. Korinther 4, 1.2

Was Gott an seinen Verwaltern sucht, ist, dass sie treu sind. Sie sollen nichts verfälschen und nichts veruntreuen. Sie stehen loyal zu dem Herrn, der sie in seinen Dienst genommen hat. Gott hat einen »Haushalt«, eine Ordnung, einen Plan. Von dem griechischen Wort »oikonomia« stammt der deutsche Begriff »Ökonomie«.

In diesem Plan Gottes für die Welt und für jeden einzelnen Menschen gibt es vieles, das dem Verstand unzugänglich ist und das sich nur dem Glaubenden erschließt. Er weiß um die Zusage Jesu, dass der Heilige Geist ihn in alle Wahrheit leiten wird (Johannes 16, 13). Wer ohne den Gehorsam Christi (2. Korinther 10, 5) und ohne Führung durch Gottes Geist Theologie betreibt, wandelt auf falschem Weg und zeitigt falsche Resultate.

Mehr als zwanzig Mal verwendet das Neue Testament den Begriff »Geheimnis« (griechisch: mystaerion). Damit meint es etwas, was menschlichem Scharfsinn trotzt und nur wenigen enthüllt wird, und zwar denen, die Jesus nachfolgen und in deren Herzen er Wohnung genommen hat.

Selbst er, der Sohn Gottes, wird nur von wenigen erfasst und wird deshalb als »Geheimnis Gottes« bezeichnet (Kolosser 2, 2). Uns, die Gläubigen, hat Gott das »Geheimnis seines Willens« wissen lassen (Epheser 1, 9); das »Geheimnis Christi« (Epheser 3, 4) und das »Geheimnis des Evangeliums« (Epheser 6, 19) sind Inhalte der Verkündigung. Wollen alle diese Geheimnisse hören? Kaum. Denn diese Verkündigung hat keine intellektuellen, sondern primär existenzielle Konsequenzen: das Leben muss verändert, es muss Jesus übergeben werden!

Um ein besonderes und ein großes Geheimnis geht es in Epheser 5, 32. Es besteht darin, dass in 1. Mose 2, 24 (der ersten biblischen Ehebotschaft) eine prophetische Botschaft auf Christus und seine Gemeinde enthalten ist. Wie im irdischen und menschlichen Bereich jemand Vater und Mutter verlässt, so verlässt der Bekehrte alles, »was dahinten liegt« (Philipper 3, 13), um eins zu werden mit Jesus. Ein-Fleisch-Werden bedeutet hier: nicht mehr ich selbst lebe, sondern in mir lebt Jesus (Galater 2, 20). Der Gläubige wird Glied an Jesu Leib, der Gemeinde.

Treue, Liebe, Hingabe und Ausschließlichkeit – diese hohen Qualitäten der Ehe – bestimmen das Verhältnis zwischen Christus und seiner Gemeinde. Nichts auf Erden kann die Innigkeit, die zwischen Jesus und seinen Gläubigen ist, besser widerspiegeln, als es die Ehe kann. Dieses ist – mit den Worten des Apostels Paulus – ein »großes Geheimnis«, – allerdings ein Geheimnis, das ergründet und nachvollzogen werden will.

13.

»Er sandte sein Wort und machte sie gesund ...«

Psalm 107, 20

Das Wort Gottes hat heilende Kraft. Es befreit von dem Schaden der Sünden, und es heilt alle Bereiche unseres Lebens. Das Verhältnis des Einzelnen zu Gott wird so, wie es vor dem Sündenfall war: der Mensch wird Gottes Gegenüber, er hat direkten Zugang zu Gott. Durch Jesus Christus, der unsere Sünde ans Kreuz trug, wird die Brücke über den abgrundtiefen Graben der Sünde geschlagen. Einen anderen Weg gibt es nicht! Alle anderen Versuche, sich Gott zu nahen, sind wenig erfolgreich und münden bald in starre Schemata (religiöse Ideologien) ein, – ohne dass sie Befreiung und Heilung bringen könnten.

Der Sohn Gottes aber stieg vom Himmel herab, um das zu bringen, was kein Religionsstifter vermitteln kann: Vergebung der

Sünden, ewigen Frieden, Fröhlichkeit und Freude in der Nachfolge Jesu.

Markus 16, 20 verheißt, dass die Verkündigung des Wortes Gottes mehr ist als etwas Rhetorisches. Wo Gottes Wort in Treue und Reinheit gepredigt wird, da geschieht etwas: es gibt »begleitende Zeichen«. Die Verkündigung ist eben nicht nur ein Aussprechen von Wahrheiten, sondern ein Einwirken von Gottes Kraft in die menschliche Welt. So kommt es dazu, dass Menschen innerlich frei werden und ihre Lasten verlieren, dass Krankheiten gebessert werden, dass okkulte Belastungen aufgedeckt und durch das Blut Jesu getilgt werden.

Wir befinden uns als Gemeinde Jesu immer noch im Zeitalter des Heiligen Geistes. Die Zeit der Erweckungen ist nicht vorbei. Aus verschiedenen Kontinenten dringen Berichte über geistliche Aufbrüche zu uns, in deren Folge neues Glaubens- und Gemeindeleben entsteht. Nicht nur »Heiden« brauchen ein solches Wirken des Geistes Gottes. Unsere Kirchen und Freikirchen benötigen es gleichermaßen.

Was unsere Mitarbeiter aus Afrika berichten, erinnert uns stark an das, was in der Urgemeinde normal und vertraut war. Lasst uns darum beten, dass auch in unseren Kirchen Gottes Geist sich neu Bahn bricht und durch seine Kraft Heilung bewirkt, wo aus menschlicher Sicht keine Hoffnung besteht! Die Spaltungen und Streitereien sollen aufhören, und die Gläubigen sollen sich untereinander versöhnen – weil sie durch das Blut Jesu ja auch mit Gott versöhnt sind. Die Kraftlosigkeit der Kirchen und Gemeinden braucht kein Dauerzustand zu sein, sondern Jesu Verheißung aus Matthäus 18, 20 gilt: »Wo zwei oder drei in meinem Namen versammelt sind, da bin ich mitten unter ihnen.« Er, der mitten unter uns ist, wird uns, die wir reinen Herzens sind, sein Wort senden und all denjenigen helfen, die sich nach seiner heilenden Kraft ausstrecken! Lasst uns nicht auf unsere Begrenztheit, Schwachheit und unsere Nöte sehen, sondern auf denjenigen (Gott), der mit einem einzigen Wort eine Situation völlig verändern kann! Er ist ein Gott, der Wunder tut.

14.

Verstehst du auch, was du liest?

Apostelgeschichte 8, 30

Die Fähigkeit, über Ideogramme oder eine Buchstabenschrift eine Botschaft festzuhalten, besitzt die Menschheit seit einigen tausend Jahren. So wird eine Mitteilung über räumliche oder zeitliche Entfernungen hinweg erhalten und weitergegeben; sie verhallt nicht wie ein gesprochenes Wort. Ein Sinn ist hier natürlich nur gegeben, wenn der Adressat die Mitteilung lesen kann. Ein Analphabet ist hilflos.

Damit Gottes Wort nicht nur denjenigen zugänglich war, zu denen es mittelbar (Volk Israel) oder unmittelbar (Propheten) geschah, wurde es aufgeschrieben. Die Bibel bietet die Gewähr dafür, dass Gottes Wort rein und unverfälscht und frei von menschlichen Beimengungen weitergegeben wird. Deswegen ist das Bibellesen so wichtig für einen Christen. In der Bibel begegnet uns Gott.

Dem hoch angesehenen äthiopischen Minister, zu dem der Diakon Philippus geschickt wurde, war Gott vorher schon begegnet; er war schon Proselyt, d. h. vom Heidentum zum jüdischen Glauben konvertiert. Während er nun auf der Heimfahrt in der Schriftrolle des Propheten Jesaja liest, wird Philippus zu ihm gesandt. »Verstehst du auch, was du liesest?«, fragt er ihn. Nein, war die Antwort. – Wie hätte er auch verstehen können, wenn ihn niemand durch den Heiligen Geist in die tiefen Geheimnisse der Heiligen Schrift einführt, die an so vielen Stellen auf Jesus, den Messias, hinweist?!

Lesen zu können bedeutet nicht immer auch, den Inhalt des Gelesenen zu verstehen! Der Heilige Geist öffnet uns das Verständnis für die Bibel. Die Reformatoren meinten etwas Ähnliches, als sie sagten: »scriptura sui ipsius interpres«, d. h. die Heilige Schrift legt sich selber aus. Im Lauf der letzten 1700 Jahre sind immer mehr Bücher und Abhandlungen entstanden, die sich mit der Auslegung der biblischen Wahrheit befassen. Sie wollen helfen, die Bibel ins praktische Leben umzusetzen.

Die zahllosen Seelsorgebriefe, die wir schreiben, haben dasselbe Ziel: dem Fragenden zu verdeutlichen, wie ein Leben mit Gott aussieht, – wie man dieses Ziel erreicht und wie man alte Lasten und Verstrickungen los wird. Der Zeugnisse sind viele, die berichten, dass ihnen durch die Lektüre eines Buches entscheidend geholfen wurde. Sie fanden dadurch Frieden mit Gott und entdeckten einen konkreten Weg, Jesus nachzufolgen.

Wer ein Buch schreibt, um sich selbst zu profilieren, hat eine falsche Motivation. Wer dagegen schreibt, um Frohmachendes weiterzugeben und Gestrandeten zu helfen, ist selbstlos und handelt richtig.

Ein Buch kann eine Botschaft in weite Teile der Welt tragen. Es ist ein Missionar, der dorthin gelangt, wo ein Mensch kaum hinkommen könnte. Wir erhalten Seelsorgebriefe aus sehr entlegenen Gegenden, wo die nächste Buchhandlung Hunderte von Kilometern entfernt ist. Irgendjemand hat es mal dorthin »geschleppt«, und nun ist es da, zieht Kreise und bringt Frucht.

Es ist das Wissen um diese multiplizierende Kraft des Wortes Gottes, das uns bewegt, afrikanischen Kirchen auch mit richtungsweisenden christlichen Büchern zu helfen. Wie der Same, der auf gutes Land gesät ist und reiche Frucht bringt (Matthäus 13, 23), so ist es auch mit biblisch orientierten Büchern. Sie bringen Frucht! Denn sie tragen den Samen – das Wort Gottes – weiter.

15.

»Wer euch antastet, der tastet meinen Augapfel an«

Sacharja 2, 12

Als Gott diese Verheißung gab, befand sich sein Volk inmitten eines Umbruchs. Die babylonische Gefangenschaft war vorüber, und man ging daran, den zerstörten Tempel wieder aufzubauen. Wenn schon die Häuser der Bewohner Jerusalems zu bauen waren, dann sollte das Haus Gottes nicht zu kurz kommen. Denn was wäre ein Gottesvolk ohne Anbetungsstätte?

Materialmangel, Belästigungen u. ä. gehörten zu den Begleiterscheinungen dieses Wiederaufbaus. Doch der Blick auf das Werk des Herrn ließ manches an Unangenehmem klein erscheinen. – Wo das Werk des Herrn betrieben wird, da gibt es auch Opposition – durch solche, die nicht geistlich gesinnt sind. Manchem, der mit frohem Mut begonnen hatte, kamen nun traurige Gedanken, weil es so viele Schwierigkeiten gab. Ihnen allen, die Gott von ganzem Herzen dienen wollen, ruft der Prophet Sacharja zu: »Wer euch antastet, der tastet Gottes Augapfel an«. Niemand lässt sich ans Auge fassen, weil dies unangenehm und schmerzvoll ist. Nähert sich dem Auge ein Gegenstand, so reagiert das Lid, um das Auge zu schützen. Ähnlich wertvoll und schutzwürdig sind Gottes Kinder. Wer nach ihnen greift, vergreift sich an Gottes Augapfel. Gott reagiert, um sie zu schützen und den Bösen zu vertreiben. Sehr oft hat er in Ihrem Leben schon reagiert, ohne dass Sie sich dessen bewusst geworden sind! Er hat die drohende Gefahr abgewandt und Sie haben von dem ganzen Geschehen gar nichts wahrgenommen. Gott reagiert frühzeitig; er wacht ständig über den Seinen.

Gott verheißt ebenfalls: »Ich will eine feurige Mauer um sie her sein und Herrlichkeit in ihrer Mitte sein« (Sacharja 2, 9). Um uns, die durch Jesu Blut reingewaschen sind, hat der himmlische Vater eine Feuermauer gestellt, die Schädliches abwehrt. Innerhalb dieser durch Gottes Heiligkeit bewirkten Feuermauer ist seine Nähe ganz deutlich zu spüren. Er ist uns nah, – sehr nah!! Mitten in diesem Rund (vergleichbar mit einer Wagenburg aus früheren Zeiten), das er um uns gezogen hat, ist Gott der Herr, – und er erweist sich herrlich. Er ist also nicht nur ideell und nicht nur in unserer Vorstellung da, sondern er ist wirklich in uns und um uns und zeigt seine Macht. Die Seinen erfahren, erleben, erspüren seine Nähe. Sie gewärtigen die Nähe des lebendigen Gottes. Im Bibellesen und Gebet hören sie seine Stimme. Doch nicht nur das: Gottes Eingreifen verändert schwierige Situationen, bewirkt Wunder, erfasst den ganzen Menschen immer wieder neu und durchdringt ihn mit Gottes Herrlichkeit. So wird jeder treue Christ zu einem Boten Gottes, – und er gibt das weiter, wovon er erfasst und ergriffen ist: Gottes Liebe, die Sünder ruft, damit sie sich durch Jesus reinwaschen und in das Leben der Nachfolge führen lassen.

16.

»Wie könnt ihr glauben, die ihr Ehre voneinander annehmt?«

Johannes 5, 44

Jesus nahm keine Ehre von Menschen an (Vers 41). Er suchte nur die Ehre dessen, der ihn gesandt hatte. Dies brachte den eigentlichen Glanz in Jesu Leben hinein.

Als Sohn Gottes war er auf das Himmlische ausgerichtet. Dieses Himmlische brachte er denjenigen, die sich ihm anvertrauten und ihm ihr ganzes Leben gaben.

Hätte Jesus menschliche Ehre gesucht, dann hätte er sie reichlich finden können, indem er sich mit denen »arrangiert« hätte, die eine theologische Bildung erworben hatten. Um eine solche Anerkennung ging es ihm aber nicht. Nun suchte Jesus nicht, sich unter allen Umständen mit allen Autoritäten zu überwerfen. Er war kein Rebell! Jesus war der Allergehorsamste. Gottes Willen zu tun war seine ganze Erfüllung!

Sowohl das Gezänk wie auch die Ehrhasche-
rei unter Gläubigen erinnern mich oft an
das obige Bibelwort. Manche Diener Gottes
sind ehrbedürftig und ehrsüchtig geworden! Wie sehr stellt man sich in den Vorder-
grund oder lässt sich »fromm vermarkten«!
Der eine preist den anderen an, in der Hoffnung, als Retourkutsche ebenfalls ein dickes
Lob zu bekommen. Man hungert nach dem
Lob des anderen – und bewertet die Ehre,
die allein Gott uns geben kann, gering
(Lukas 19, 17: »Du guter Knecht, du bist im
Geringsten treu gewesen …«).

Wer nach Ehre unter Gleichgesinnten
heischt, verwandelt den Gottesdienst in
einen Menschendienst! Es gilt, die Prioritä-
ten wieder zurechtzurücken und Gott auf
den Thron unseres Herzens zu setzen.

Sagte nicht Jesus zu Petrus, der schon jahre-
lang in seiner Nachfolge war: »Wenn du der-
maleinst dich bekehrst …!« (Lukas 22, 32).

So sollen auch wir uns immer wieder abkeh-
ren von den eigenen, so fromm anmuten-
den »Götzen« – und uns hinwenden zu
Jesus, unserem Heiland.

17.

»Jagt dem Frieden nach ... und der Heiligung«

Hebräer 12, 14

Soweit es an uns Kindern Gottes liegt, sollen wir möglichst mit allen Menschen Frieden haben (Römer 12, 18). Wir sollen nicht Streitsüchtige (Epheser 4, 31), sondern Friedensstifter (Matthäus 5, 9) sein. Der Friede, den wir anzubieten haben, ist nicht vergleichbar mit einem politischen Verhandlungsfrieden. Es ist »der Friede Gottes, der alle Vernunft bei weitem übertrifft« (Philipper 4, 7). In diesen Frieden Gottes kommt nur hinein, wer Jesus Christus als seinen einzigen Herrn und Heiland annimmt. Denn »er ist unser Friede« (Epheser 2, 14). Wahrer Friede ist an die Person Jesu Christi gebunden. In ihm, unserem Herrn, haben wir Frieden, weil er selbst der Frieden ist. – Wir müssen aber Angst haben, wenn nicht er, sondern die Welt uns bestimmt (Johannes 16, 33).

Durch Heiligung ist es möglich, »den Herrn zu schauen« (Matthäus 5, 8; Hebräer 12, 14), – jetzt schon, wenn er in unserem Leben wirkt, – und später einmal, wenn er wiederkommt, um all die Seinen zu holen. Um ihn mit unseren (inneren) Augen wahrnehmen zu können, bedarf es der Heiligung. Der heilige Gott lädt uns ein, mit ihm Gemeinschaft zu haben, und gibt uns das dazu erforderliche »hochzeitliche Gewand« (Matthäus 22,11 ff.). Das schlechte Vorbild mancher lässt meinen, Heiligung bedeute, verklemmt, weltabgewandt und daseinsfeindlich zu sein. Die Bibel versteht unter »Heiligung« aber nicht etwas Negatives, Abstoßendes. Vielmehr werden die von und für Gott geheiligten Menschen als etwas äußerst Positives, Einladendes, ja als Salz der Erde und Licht der Welt (Matthäus 5, 13.14) bezeichnet. Wer wie Jesus gesinnt ist (Philipper 2, 5 ff.) – in wem nicht mehr das alte Ego, sondern allein Christus lebt (Galater 2, 20), – wer in seinem Sinn erneuert ist (Röm. 12, 2) – der ist heilig! Ein in die Nachfolge Jesu Gerufener und darin Gereifter kann kein Griesgram sein! Er ist stattdessen ein gelöster Mensch, dessen Nähe viele suchen, weil sie bei ihm das Wasser des ewigen Lebens finden (Johannes 7, 38.39). Dem Herrn heilig zu sein, ist etwas Fröhliches! In Gottes Gegenwart zu sein und mit Jesus Zwiesprache zu halten, ist das Schönste, das ein Christ sich vorstellen kann.

»Ihr sollt heilig sein, denn ich bin heilig, der Herr, euer Gott« (3. Mose 19, 2).

18.

> »Die Ehe soll in Ehren gehalten werden und das Ehebett unbefleckt; denn die Unzüchtigen und Ehebrecher wird Gott richten.«
>
> *Hebräer 13, 4*

Die christliche Gemeinde hat Gottes Normen zu übernehmen und zu befolgen. Es ist ihr nicht erlaubt, sich dieser Welt anzupassen, um »in« zu sein. War damals, als dieses Bibelwort gesagt wurde, die Ehe durch Fruchtbarkeits- und Sexualkulte bedroht, so ist sie es heute durch die Oberflächlichkeit und Flüchtigkeit, mit der viele Zeitgenossen eine partnerschaftliche Beziehung eingehen. Eine Verpflichtung gegenüber dem anderen wird nicht immer gesehen. Oft meint man, das Heiraten sei zuallererst für die eigene Beglückung da. Dieses kurzsichtige, egozentrische Verhalten lässt den Ehepartner zu kurz kommen – und die Ehe leidet Schaden.

»Die Ehe ist in Ehren zu halten« heißt nicht nur, die Ehe unantastbar zu lassen, sondern auch dem eigenen Ehepartner Ehrerbietung, Achtung, Hingabe und große Liebe zukommen zu lassen.

Die erwähnte Befleckung des Ehebetts beginnt nicht erst beim körperlichen Ehebruch, sondern vielmehr schon beim ehebrecherischen Gedanken. Hier muss das Herz immer wieder neu von bösen Einflüssen frei gemacht und durch das Blut Jesu gereinigt werden. Das Tolerieren von gedanklichen Lieblingssünden (von anderen oft unbemerkt) stellt einen Privateingang für den Teufel dar. Zu einem Zeitpunkt, wenn niemand damit rechnet, wird es daraus zu einer moralischen Katastrophe im Leben des Betreffenden kommen.

Ehebruch ist weder ein Privatvergnügen noch eine private Sünde; vielmehr rührt er an die ureigene Bestimmung des Menschen, in der liebevollen, treuen, ausschließlichen Gemeinschaft mit dem von Gott zugeführten Ehepartner die unverbrüchlichen Glaubenswerte zu versinnbildlichen, die der Beziehung des Menschen zu

Gott zugeordnet sind; dazu zählen: völlige Hingabe, völlige Reinheit, absolutes Vertrauen, ungetrübte Geborgenheit, uneingeschränktes Verständnis – und tiefe, niemals endende Gemeinschaft. Deswegen spricht der Apostel Paulus von dem »großen Geheimnis«: nach Gottes Maßstab ist im Bereich alles Geschaffenen nur die Ehe in der Lage, die Innigkeit und Absolutheit zu verdeutlichen, die zwischen Jesus und der Gemeinde besteht.

Unter Unzucht versteht die Bibel nicht nur jede Art illegitimen Geschlechtsverkehrs. Der Abfall von Gott ist – nach biblischer Diktion – »Ehebruch« (weil zwischen Gott und seinen Kindern ein exklusives Verhältnis besteht). Das Verehren anderer Götter erfüllt den Tatbestand der »Unzucht«, also des illegitimen Zusammenkommens mit gottfeindlichen Mächten.

Welch hohe Einschätzung hat die Bibel von Hochzeit und Ehe! Sie spricht sogar von der »Hochzeit des Lammes« (Offenbarung 19, 7). Wer auf Erden darf es wagen, die Ehe gering zu schätzen oder gar zu beschmutzen – wenn Gott durch eben diese Ehe die

Endgültigkeit, Unverbrüchlichkeit und neue Einheit zum Ausdruck bringen will, die er zwischen Menschen schafft und mit der Jesus, das Lamm Gottes, sich mit der Gemeinde vereinen will?!

19.

»Feinde des Kreuzes Christi«

Philipper 3, 16

Als Symbol vereinigt das Kreuz die Horizontale und die Vertikale. Während die Senkrechte die Verbindung nach oben, zu Gott, darstellt, weist die Waagrechte auf die auf der Erde befindliche Menschheit hin, die durch die Erlösungstat Jesu zusammengeführt werden soll. Im Schnittpunkt des Kreuzes befindet sich der Gottessohn, der sie alle einen will. Sein Opfertod ist die Brücke, die den Abgrund der Sünde überbrückt und zurück ins Vaterhaus führt.

Das Kreuz hat viele Feinde. »Bist du Gottes Sohn, so steig herab!« (Matthäus 27, 40) – eine verlockende Aufforderung, der zu folgen Jesus durchaus die Macht gehabt hätte. Schon bei seiner Gefangennahme hätte er Legionen von Engeln zu Hilfe rufen können. Aber er tat es nicht! Den Weg, den Gott ihm vorgelegt hatte, wollte er treu und gehorsam bis zum Ende gehen. Er war nicht leidensscheu. Aus Liebe zu uns Menschen nahm er alle Qualen und alle Verfolgung auf sich. Der Versuchung, seinen Weg zu verlassen und den Kreuzestod zu umgehen, hielt er immer wieder stand. Er tat dies aus Liebe zu Gott – und aus Liebe zu den verlorenen, gottfernen Menschen, die er seinem himmlischen Vater zuführen wollte.

Feinde des Kreuzes Christi gibt es leider auch in den Reihen der Gläubigen, wie der Apostel Paulus voller Kummer feststellt. Sie zwingen zur Einhaltung von Vorschriften (Galater 5, 12), die Gott schon lange als erledigt betrachtet, weil er seinen Sohn als Opferlamm gegeben hat. Sie versuchen, die Ausschließlichkeit und Vollständigkeit der Erlösung zu »ergänzen« durch Zusatzordnungen und legen so den Gläubigen Lasten auf, die nicht einmal Gott für nötig erachtet (Galater 5, 11 u. 13; Apostelgeschichte 15, 24 u. 28 f.).

Sowohl für die Befolger der Gesetzlichkeit als auch für die Intellektuellen ist die Einfachheit des Kreuzes Christi ein Ärgernis (1. Korinther 1, 23). Sie stoßen sich daran, weil sie mit dieser so einfachen Botschaft des ein für alle Mal vollbrachten, alles genügenden Opfers Jesu nichts anfangen können.

Wer aber bereit ist, seine religiösen und intellektuellen Vorbehalte aufzugeben, der erfährt in Jesus »göttliche Kraft und göttliche Weisheit« (1. Korinther 1, 24). Der einstmals Skeptische, Ungläubige wird innerlich ergriffen von dem, was auf der Hinrichtungsstätte Golgatha geschah – und er ruft mit denen, die bei ihm sind, aus: »Wahrlich, dieser ist Gottes Sohn gewesen!« (Matthäus 27, 54).

Jesus lädt Sie ein, zu ihm zu kommen. Lassen Sie durch ihn Ihr Herz erneuern, und gründen Sie Ihre Hoffnung für die Zukunft allein auf ihn. Er wird Sie nicht enttäuschen, sondern Sie mit Freude und Frieden füllen.

20.

Die Frau wird den Mann umgeben

Jeremia 31, 22

Unter der Leitung des Heiligen Geistes beschreibt der Prophet Jeremia, was Gott künftig tun wird. Mehrere Male wird in diesem Kapitel erwähnt, dass Israel aus dem Feindesland (Vers 16) zurückkehren wird. Aus dem Land des Nordens und von den äußersten Enden der Erde (Vers 8) werden sie kommen. Sie werden genesen und nach all ihren Drangsalen erquickt werden, wenn sie sich an den guten Gaben freuen (Vers 14), die Gott für sie bereit hält.

Es werden alle von Gott ernst genommen, die unter Weinen und Flehen kommen (Vers 8 und 9): die Blinden und Lahmen, d. h. die Gebrechlichen, ebenso wie die Schwangeren und Gebärenden, (d. h. die das Leben bringen und dabei dem Tode nahe kommen). Er lässt sie seine große Barmherzigkeit spüren und führt sie ins Land der Väter. Er nimmt ihnen die Lasten ab und macht der Verfolgung ein Ende. Einen ähnlichen Personenkreis hat Jesus angesprochen, als er seine Einladung folgendermaßen formulierte: »Kommt her zu mir alle, die ihr mühselig und beladen seid; ich will euch erquicken! ...« (Matthäus 11, 28 ff.).

Auch wer einen falschen Weg ging, wird aufgefordert, sich zu bekehren und nunmehr auf dem richtigen Weg weiterzugehen (Vers 21 und 22). Nur so kann man Anteil haben an dem Neuen, das Gott erschafft: »die Frau wird den Mann umgeben«.

Dorthin wird die Frau zurückkehren, wo ihr Platz von der Schöpfung her ist: an der Seite des Mannes. Von seiner Seite war sie ja genommen, als Gott sie schuf (1. Mose 2, 21.22). Sie umgibt ihn, gesellt sich ihm zu. Sie kehrt sich ab von den Irrungen der falschen Selbstverwirklichung, und sie kehrt zurück zu der eigentlichen bleibenden Wirklichkeit, die ihr zugedacht ist. Diesen ihren Platz kann niemand sonst einnehmen als nur sie, die Frau. Sie wird dem Mann Gehilfin, Gegenüber (1. Mose 2, 18),

Korrektiv und Vorbild im Glauben durch ihre Treue, mit der sie Gott dient.

Die Heilung der Ehen geht einher mit dem Finden der biblisch gewollten Identität von Frau und Mann. Dieser Heilung der Ehen geht eine innere Heilung (Umkehr zu Gott) voraus. Gott begnügt sich aber nicht damit, die zwischenmenschlichen Beziehungen zu ordnen, sondern er stellt auch eine ganz neue Beziehung zu seinem erwählten Volk her: Er schließt mit ihnen einen Bund. Dieser neue Bund ist nicht zu vergleichen mit dem vorigen Bund, sondern er ist von völlig anderer Qualität (Vers 31-33). Diejenigen, mit denen er den Bund schließt, werden in ihren Herzen und Sinnen befähigt, Gott zu erkennen und ihm in Treue zu folgen. Es ist ein Bund, in dem die Schuld vergeben und die Sünde für alle Zeiten getilgt wird: das ist der Bund, den Gott durch Jesus mit uns allen schloss.

Durch das Blut Jesu erhalten wir die Vergebung unserer Sünden und werden zu neuen Menschen (1. Johannes 1, 7; 2. Korinther 5, 17).

Angesichts einer so grundlegenden Erneuerung, die Gott uns in Jesus anbietet, erstaunt es nicht, dass auch unsere Beziehungen zu anderen Menschen (Freund und Feind) sowie insbesondere unsere Ehen von innen her völlig erneuert werden. Sie werden damit zu einem Zeichen der Macht Gottes, – einer Stadt auf dem Berge, die weithin in die Dunkelheit leuchtet (Matthäus 5, 14) und Orientierung bietet.

Wer Mangel hat, der trete in diesen Bund Gottes ein, indem er Jesus Christus als seinen persönlichen Erretter und Helfer annimmt. Sie werden durch Jesus eine Erneuerung Ihres Lebens erfahren!

21.

»Alles, was von Gott geboren ist, überwindet die Welt; und unser Glaube ist der Sieg, der die Welt überwunden hat.«

1. Johannes 5, 4

Der Sieg über die Welt mit ihrer Lust (1. Johannes 2, 17) ist nur für diejenigen möglich, die ihre Kraft nicht aus der Welt selbst beziehen, sondern deren innere Verwurzelung bei Gott ist. Von Gott ins Leben gerufen zu sein, d. h. wiedergeboren zu sein, ist eine Erfahrung, die unabdingbare Voraussetzung für den Eintritt ins Reich Gottes ist. Darüber musste sich schon der kluge Nikodemus durch Jesus belehren lassen (Johannes 3).

Jeder Mensch ist ein Geschöpf Gottes. Ein Kind Gottes wird man aber nur dadurch, dass man umkehrt (»Buße tut«), seine Sünden vor Gott bekennt und als ein so Erneuerter dem Heiland nachfolgt. Hier beginnt das ewige, unvergängliche Leben. Es hat Bestand über den leiblichen Tod hinaus.

Jesus Christus bezwang den Tod. Er schenkt denen, die an ihn glauben, die Gewissheit, immer und ungetrennt bei ihm sein zu dürfen. Doch bevor der Glauben ins Schauen übergeht, ist ein gutes Stück Weges auf Erden zu bewältigen. Die Schwierigkeiten sind mannigfach: Zweifel, Lauheit, Sünde, innere Stagnation und vieles mehr. Der Apostel Petrus beschreibt es treffend: »Der Teufel geht umher wie ein brüllender Löwe und sucht, wen er verschlingen kann. Dem widersteht, fest im Glauben ...« (1. Petrus 5, 8 + 9).

Christen sind zum Kampf geboren! Kampf gegen die Sünde, – ein mutiges Zeugnis unseres Glaubens und ein vorbildlicher Lebenswandel sind gefordert. Möglich ist all dies nicht aus eigener Kraft. Aber derjenige, der uns berufen hat und der sich durch uns verherrlichen will, reicht die Kraft dar.

Der Kampf, den wir alle führen, setzt den schon errungenen Sieg Jesu voraus. Das Überwinden in kleinen und großen Dingen ist nur dadurch möglich, weil Jesus schon – ein für allemal – überwunden hat. Wir haben teil an seinem Sieg. Die Welt, d. h. die Mächte, die sich Gottes Einfluss entziehen, erkennt, dass wir ihrem Zugriff entronnen sind. Wir sind geschützt, weil wir uns in der Hand des guten Hirten befinden; nichts und niemand kann uns aus seiner Hand reißen (Johannes 10, 28).

Wenn Ihr Glaube sich auf das Bekennen von theologischen Inhalten beschränkt, ohne dass dadurch Kraft ausgeht, dann stehen Sie erst ganz am Anfang Ihrer Gottesbeziehung. Gott will Sie aber nicht im Zustand eines geistlichen Säuglings belassen, sondern er will Sie zu einem frohen sieghaften Nachfolger machen, der andere Menschen für Jesus gewinnt. Gott möchte gerade durch Sie zu anderen Menschen sprechen.

Wie wächst man im Glauben? – Durch Treue und Liebe, durch Bibellesen und Gebet, durch Gemeinschaft mit Gläubigen, durch das Hören guter Verkündigung, durch das Lesen guter geistlicher Bücher. – Gott schenke Ihnen ein gesundes Glaubenswachstum!

22.

> »Und ich hörte die Stimme des Herrn,
> wie er sprach: ›Wen soll ich senden?
> Wer will unser Bote sein?‹ Ich aber
> sprach: ›Hier bin ich, sende mich.‹«

Jesaja 6, 8

Gott sendet seine Boten zu verstockten Menschen, und er sendet sie zu denen, die begierig sind, sein Wort zu hören. Die einen schlagen die angebotene Rettung aus – und handeln sich so das Gericht ein, während die anderen wie Verdurstende nach dem Lebenswasser greifen und sich in ihrem Wesen erneuern lassen.

Der Prophet wird in der Bibel nicht unbedingt an dem »Erfolg« seiner Verkündigung gemessen (d. h. wie viele sich bekehrt haben), sondern an seiner Treue bei der Ausführung des göttlichen Auftrags. Hat er gesagt, was ihm aufgetragen war, oder hat er aus Scheu, Ängstlichkeit oder Trägheit nur zögerlich seinen Auftrag erfüllt – oder ihn vielleicht gar nicht erst angepackt wie der, der sein Pfund vergrub (Matthäus 25, 24ff.)? Wenn der Bote Gottes seine Botschaft einladend und unmissverständlich ausgesprochen hat, dann ist er von jeder Schuld frei; zur Rechenschaft werden nur noch diejenigen gezogen, die sie zwar gehört haben, sie aber nicht befolgen wollten (Hesekiel 3, 17-21).

Gott sucht Boten! Er könnte genügend Engel senden, die sein Wort verkündigen. Gott zieht es aber vor, Menschen einzusetzen. Diese haben an sich selbst die verändernde und erneuernde Kraft Jesu erfahren. Sie sind dadurch ein unwiderlegbarer Beweis für die Gültigkeit des Evangeliums. So wie Jesus Menschengestalt annahm, um die Menschheit am besten zu erreichen, – so geschieht auch die Verkündigung durch Menschen, deren Früher (in der Sünde) und deren Jetzt (in der Vergebung und in der Kraft Gottes) offensichtlich ist.

Sind wir bereit, uns senden zu lassen? Nehmen wir Risiken und Entbehrungen, Verfolgung und Gefahr auf uns, um Gottes Willen zu tun? Oder ziehen wir ein sattes und bequemes Leben vor? Falls wir selbst nicht ausgesandt werden, sind wir dann bereit, denjenigen, die an einen entbehrungsreichen Platz gestellt sind und die kein eigenes Einkommen haben, mit allen uns zur Verfügung stehenden Mitteln zu helfen?

Nicht nur die Apostel, die in der Fremde wirkten, waren von Gott gesegnet, sondern ebenso die Gläubigen, die sie unterstützten (Phil. 4, 10.14-17). Gleicherweise erfahren auch in unseren Tagen viele, die in einem Vollzeitdienst stehen, wie der Herr für sie sorgt. Er, der sich um Pflanzen und Vögel kümmert (Matthäus 6, 26.28), kennt die Bedürfnisse aller seiner Kinder und versorgt sie.

»Gutes zu tun und mit anderen zu teilen, vergesst nicht; denn solche Opfer gefallen Gott« (Hebräer 13,16).

23.

»Mein Vater und meine Mutter verlassen mich; aber der Herr nimmt mich auf.«

Psalm 27, 10

Das Schlimmste, das einem passieren kann, ist, dass man von denjenigen im Stich gelassen wird, auf die man besonders angewiesen ist.

Unsere Epoche ist gekennzeichnet durch einen rapide fortschreitenden Wertezerfall. Glauben und Frömmigkeit sind schon lange in Frage gestellt; den Begriffen Treue und Ehe – »bis Gott durch den Tod euch scheide« – ist es nicht besser ergangen. Wir haben es nicht mehr nur mit einer »vaterlosen Gesellschaft« zu tun, von der der Psychoanalytiker Alexander Mitscherlich sprach; inzwischen ist die Gesellschaft auch mutterlos geworden, weil viele Frauen den Verlockungen emanzipatorischer Ideologien nicht widerstehen können. Stellten sie einst eher das bewahrende Moment dar, so

sind sie mittlerweile in die gleiche Agitiert-
heit und Ruhelosigkeit wie die Männer
geraten.

Dadurch kommt es zu einem Zustand, wie
er uns in dem oben genannten Bibelwort
geschildert wird: Vater und Mutter verlassen
ihre Kinder. Manche gehen weg, um woan-
ders eine neue Beziehung einzugehen,
andere verlassen sie »nur« innerlich, weil
die Kinder ihnen lästig werden und sie an
der eigenen Entfaltung hindern.

Aus sozialpsychologischer Sicht kommt in
den nächsten Jahrzehnten eine Katastrophe
auf uns zu: Es wird Millionen von Jugendlichen und jungen Erwachsenen geben, die
niemals ein funktionierendes Elternhaus
erlebt haben, sondern deren Normalität so
aussah, dass sie in einer Rumpffamilie auf-
wuchsen. Die prägende Erfahrung für diese
künftigen Eltern und Ehepartner ist, dass
Konflikte letzten Endes dadurch »gelöst«
werden, dass man die Ehe aufgibt. – Wo sollen all diese künftigen Erwachsenen lernen,
wie man friedlich und konstruktiv Konflikte
löst?

Wer hilft ihnen, die Verlassenheitserfahrungen aufzuarbeiten und von den inneren Wunden heil zu werden, die hilflose, unreife und egoistische Eltern ihnen geschlagen haben?

Die biblische Verheißung ist großartig: selbst wenn Vater und Mutter dich verlassen, – Gott nimmt dich auf!! Er verlässt dich nie! Ja, er gibt dir ein solches Maß an Liebe und Geborgenheit, dass du heil werden kannst. Je mehr du dich in sein Wort vertiefst und es zu deiner Richtschnur machst, desto mehr eignest du dir die Kenntnis an, wie du dein Leben gestalten kannst, so dass es nicht vom Scheitern und von Tragödien geprägt ist. Die Fluchkette, die durch Ehescheidungen und seelische Traumatisierungen sich von einer Generation in die nächste fortpflanzt, wird durch die Kraft des Namens Jesu durchbrochen – und es beginnt etwas ganz Neues, das Gott hat wachsen lassen.

Dieser Ausblick ist wunderbar: Wo seitens der Psychologie keine durchgreifende Hilfe möglich ist, weil die schädigenden Prägungen früh stattfanden und Hilfe kaum möglich erscheint, da kommt der allmächtige Gott mit seinem Hilfsangebot. Jesus Christus ruft uns zu:

»Kommt her zu mir alle, die ihr mühselig und beladen seid; ich will euch erquicken« (Matthäus 11, 28).

An die Begrenzungen der Psychotherapie ist Gott nicht gebunden. Er gibt vielmehr Heilung, wo kein Mensch sie für möglich hält und wo der beste Therapeut nicht weiterweiß.

Es gibt also Hoffnung, auch wenn jede zweite Ehe scheitert! Wer sich zu Jesus Christus wendet, wird in seinem Inneren erneuert und kann als ein heiler (bzw. heil werdender) Mensch unbelastet von dem Versagen der Eltern ein neues, frohes, fruchtbringendes Leben führen.

24.

»Du sollst ein Segen sein!«

1. Mose 12, 2

Diese Aufforderung an Abram (den späteren Abraham) hat eine Vorgeschichte. Er soll sein Land, seine Verwandtschaft und sein Vaterhaus verlassen und in ein ihm völlig fremdes Land ziehen, das Gott ihm zeigen wird! Dort erst werden all die Verheißungen Gottes an ihm zur Erfüllung kommen.

Ohne Verlassen gibt es keine Verheißungen und keinen Segen! Wer bleibt, wo er ist und wie er ist, dem steht ein jämmerliches Leben bevor. Er verharrt an der alten Stelle, während Gott ihn doch auf einen ganz neuen Weg schicken und ihn aus der himmlischen Fülle beschenken will.

Erinnert uns die Aufforderung, alles Vertraute zu verlassen – als Voraussetzung des Segens – nicht an 1. Mose 2, 24: »Ein Mann wird Vater und Mutter verlassen, seiner

Frau anhangen und mit ihr ein Fleisch werden«? Den Segen der ehelichen Gemeinschaft kann nur empfangen, wer Früheres – und damit Vorläufiges – verlässt. Ein Kelch, der nicht entleert wird, kann nicht mit Neuem gefüllt werden.

Ähnlich ist es auch in der Nachfolge Jesu. Petrus sagt zu Jesus: »Siehe, wir haben alles verlassen und sind dir nachgefolgt« (Matthäus 19, 27). Der Lohn, den Gott gibt, ist entsprechend groß (Verse 28 u. 29).

Der reiche Jüngling war ein Vorbild an Frömmigkeit und ethischem Verhalten. Kaum einer war so gottesfürchtig und aufrichtig wie er. Aber er war außer Stande, die letzte menschliche Sicherheit aufzugeben und sich bedingungslos und vertrauensvoll in Gottes Arme zu werfen (Matthäus 19, 16-22). Ihm gelang es nicht, alles zu verlassen! Er war dem Reich Gottes zwar nah, – kam aber nicht hinein!

Wo die Luther-Bibel übersetzt »und du sollst ein Segen sein« (1. Mose 12, 2), heißt es – bei korrekter Beachtung des hebräischen Textes – »und werde ein Segen!«.

Dieser Aufforderung an Abram geht im gleichen Vers die Zusage Gottes voraus: »Ich will dich segnen«. – Wer Gottes Ruf gehorcht, zu dem bekennt sich Gott, indem er ihn segnet! Ein so Gesegneter wird wiederum zum Segen für zahlreiche andere. Ströme lebendigen Wassers werden von ihm ausgehen (Johannes 7, 38).

Wenn uns Gott dazu auffordert: »Werde ein Segen!«, dann erwartet er, dass wir »ihm an den Lippen kleben«, d. h. auf ihn lauschen und Gottes Wort in uns »hineinsaugen«. Sein Sohn Jesus Christus soll unsere einzige Orientierung sein. Nichts und niemand anderes darf uns zur Richtschnur werden. Wir können uns an Maria ein Vorbild nehmen – »sie behielt alle diese Worte und bewegte sie in ihrem Herzen« (Lukas 2, 19). Auf diese Weise können wir – wie Abram – Glaubensschritte in bedingungsloser Treue und völligem Gehorsam tun. Dies wird wiederum dazu führen, dass wir sichtbar und spürbar unter Gottes Segen stehen und aus der empfangenen Segensfülle weitergeben können.

Ein Gesegneter des Herrn behält den Segen nicht für sich, sondern lässt andere teilhaben. – Segen verpflichtet! Ein Gesegneter des Herrn ist aber »per se«, also in und für sich selbst, schon ein Segen für diejenigen, die mit ihm zu tun haben. Denn in ihm begegnet einem der lebendige Gott, der unbedingten Gehorsam beansprucht und dafür große Begnadung in Aussicht stellt.

Auch Sie, lieber Leser, will Gott segnen! Verlassen Sie, was Gottes Segen zurückhält! D. h. prüfen Sie, welche lieb gewordenen Gewohnheiten, welche kleinen oder großen Sünden zwischen Ihnen und Gott stehen! Bereinigen Sie Ihr Leben vor Gott, und machen Sie einen Neuanfang im Glauben.

Gott will und wird Sie segnen. – Er will Sie zum Segen setzen für andere, denen Sie den Weg des Lebens weisen dürfen.

25.

»Jahwe ist bei euch in eurem Bei-ihm-Sein. Und wenn ihr ihn sucht, wird er von euch gefunden. Und wenn ihr ihn verlasst, verlässt er euch.«

2. Chronik 15, 2 – wörtliche Übersetzung aus dem Hebräischen

Als Asarja diese Worte gesprochen hatte, hinterließen sie einen nachhaltigen Eindruck beim König Asa und dem Volk aus den Stämmen Juda und Benjamin. Hier wird eine dreifache Botschaft mitgeteilt:

1. Gott persönlich (sein Name Jahwe wird sehr oft im Alten Testament verwendet) ist bei den Seinen. Er ist aber nur in einem solchen Maße bei ihnen, wie sie es auf Grund ihrer Herzenseinstellung ihm möglich machen, unter ihnen zu wohnen. Sind die Herzen weit offen für Gott, so erfährt man seine Hilfe und seinen Segen reichlich. Räumt man ihm weniger Platz ein, so hält er

sich zurück. – Es liegt am Menschen selbst, in welchem Maße er sich für den lebendigen Gott öffnen will, um sich von ihm verändern und mit seiner Gegenwart füllen zu lassen.

2. Man kann Gott finden! Die Voraussetzung hierfür ist, dass man ihn sucht. Gott versteckt sich nicht vor den Menschen – etwa um in Ruhe gelassen zu werden. Vielmehr wartet er sehnsüchtig darauf, dass wir zu ihm kommen; denn er hat uns sehr lieb. »Nähert euch Gott, und er wird sich euch nähern« (Jakobus 4, 8). In Jesus, der die trennende Barriere unserer Sünde weggenommen hat, ist Gott erreichbar geworden.

3. Wer Gott verlässt, den verlässt er auch. Gott zwängt sich nicht in unser Leben hinein. Er hat uns unendlich lieb und empfindet großes Glück, wenn wir ihn als unseren Herrn aufnehmen. Wollen wir ihn aber nicht, dann zieht er sich wie ein höflicher Gast dezent zurück. Er ist darüber traurig, vor allem, weil wir uns hierdurch unser eigenes Urteil sprechen, das für Zeit und Ewigkeit gilt: Verlorenheit und Gottesferne.

»Komm' zu dem Heiland, komme noch heut'! Folg' seinem Ruf, jetzt ist es noch

Zeit. Er ist dir nah', zum Segnen bereit und ruft so freundlich: Komm!« In diesem Vers hat ein Dichter ausgedrückt, wie wichtig ein Leben in der Gemeinschaft mit Gott – durch Jesus Christus – ist.

26.

»Draußen sind die Hunde…«
Offenbarung 22, 15

»Hunde«, Zauberer, Unzüchtige, Mörder,
Götzendiener und jeder, der die Lüge liebt
und tut, ist außerhalb der himmlischen
Gottesstadt. Hineinkommen kann nur, wer
seine Kleider im Blut des Lammes gewaschen und somit ein Anrecht am Baum des
Lebens erlangt hat (V. 14).

Wer sind diese Hunde? Der herrenlose, wilde und bissige Hund wird in der Bibel
mehrfach erwähnt. Man rechnet ihn nicht
zu den Haustieren, sondern zu den frei
lebenden Tieren. Auch wenn gelegentlich
positive Eigenschaften genannt werden, so
überwiegen bei weitem die negativen. Er
gilt als unreines Tier – wie auch das
Schwein.

Wenn man jemanden als Hund bezeichne-
te, dann drückte man damit Verachtung aus
(Philipper 3, 2). Sowenig wie man Perlen

vor die Schweine wirft, sowenig gibt man Heiliges den Hunden (Matthäus 7, 8). Wenn der Gläubige das, was ihm heilig und wertvoll ist, den »Hunden«, d. h. den Unreinen, überlässt, entsteht Schaden, und das Heilige wird besudelt.

Wer sich zu Ehren einer Gottheit dem freien Sex hingab, betrieb kultische Prostitution. Nicht nur Frauen, sondern auch Männer taten das. Diese »Strichjungen« wurden ebenfalls als »Hunde« bezeichnet. Geld, das von weiblichen oder männlichen Prostituierten stammte, durfte nicht ins Haus Gottes gebracht werden (5. Mose 23, 19); denn dieses soll rein bleiben, und nur aus reinem Herzen kommende Opfer sind zulässig.

Wer herrenlos (ohne Jesus), bissig (ohne Sanftmut), unrein (nicht durchs Blut Jesu gewaschen) oder sexuell zügellos (auch in Gedanken!) ist, der ist den »Hunden« gleich! – Er bleibt draußen!! Genauso ergeht es den Okkultisten (auch Horoskope gehören hierher!), den Unzüchtigen, den Mördern, den Götzendienern und den Freunden der Lüge.

Dieses Bibelwort soll uns eine heilige Mahnung sein, unser Leben und unsere Einstellung ausschließlich am Wort Gottes auszurichten und uns vor fremden Einflüssen zu hüten.

Selbst wer in schlimmster Sünde verstrickt ist, kann frei werden! In 1. Korinther 6, 9-11 erwähnt Paulus, dass frühere Unzüchtige, Götzendiener, Ehebrecher, Homosexuelle, Pädophile, Diebe, Habsüchtige, Trinker, Lästerer und Räuber zu Gemeindegliedern wurden, – ja, dass sie nicht nur abgewaschen, sondern sogar geheiligt waren! Diese wunderbare, verwandelnde Kraft erfährt, wer reuig zu Jesus kommt und ihn als Retter annimmt.

27.

Vereinige dich nicht mit Ahasja!

Die Bibel schildert den König Josaphat als einen gottesfürchtigen Mann, der wie sein Vater Asa (2. Chronik 14 u. 15) bestrebt war, Gottes Willen zu tun. Als eine Übermacht der Moabiter, Ammoniter und Meuniter (Bewohner des Gebirges Seir) gegen Juda gezogen war, wurde Josaphat ganz verzagt. Er suchte aber nicht den Rat seiner Militärs, sondern die Hilfe Gottes (2. Chronik 20, 3). Wir lesen in diesem Kapitel dann weiter, wie Gott durch Prophetenmund Ermutigung und Verheißungen gab und wie ein großer Lobpreis zum Himmel scholl: Das Volk war so glücklich über Gottes Zusage, dass es gar nicht erst den Ausgang der Schlacht abwartete, sondern schon im Voraus – auf Grund der göttlichen Zusage – aus vollem Herzen lobte und dankte.

Gott antwortete auf den kindlich-frohen Glauben und auf den Lobpreis, indem er die Feinde in Verwirrung stürzte und diese sich gegenseitig umbrachten. Eine unbesiegbar erscheinende Übermacht wurde durch Gottes Eingreifen besiegt. Das Volk Juda und König Josaphat wussten, was sie zu tun hatten: Gott erneut zu loben und ihm zu danken. Sie taten es gerne (2. Chronik 20, 26-28).

Manche Probleme, die im Leben von Christen vorkommen, erfordern nicht nur das Bitten um Hilfe, sondern im Voraus schon das dankbare Loben und Preisen für Gottes Güte, mit der er die Not wenden wird. – Das können wir an Josaphat lernen!

Nachdem die Not gewendet war und Gott Frieden gegeben hatte, wandte sich Josaphat seinen Regierungsgeschäften zu. Es erschien ihm gelegen, sich mit Ahasja, dem König von Israel, zu verbünden, um eine große, starke Flotte zu bauen. Ahasja war bekannt für seine Gottlosigkeit. Selbst als Josaphat durch den Propheten Elieser (2. Chronik 20, 37) aufgefordert wurde, diese unheilige Liaison zu beenden, blieb er bei seinem falschen Entschluss! Nicht der Gehorsam Gottes, sondern politische Erwägungen bestimmten sein Handeln. Als Folge von Josaphats Ungehorsam ließ Gott das gesamte Vorhaben unter großen Verlusten scheitern.

Nicht erst im Neuen Bund, sondern schon im Alten Bund werden wir darauf hingewiesen, dass wir keine enge innere Gemeinschaft mit Gottlosen haben sollen. Wir sollen vielmehr die Gemeinschaft der Glaubensgeschwister suchen und mit ihnen eins sein in der Liebe Gottes und in der Nachfolge unseres Heilandes. Vermeintliche Vorteile, die durch Kompromisse mit gottfernen Menschen entstehen, haben keinen Bestand, sondern sind nichtig und verwerflich.

Wer sich aber auf den Herrn verlässt, dem wird – wie Josaphat es erfahren hat – selbst gegen die größte Übermacht an Feinden (Probleme, Nöte) geholfen. »Wohl dem, der nicht wandelt im Rat der Gottlosen ..., sondern hat Lust zum Gesetz des Herrn ...! Der ist wie ein Baum, gepflanzt an den Wasserbächen ... Was er macht, das gerät wohl!« (Psalm 1,1-3).

28.

»Das Heil kommt von den Juden.«

Johannes 4, 22

»In keinem andern ist das Heil …« (Apostelgeschichte 4, 12) als nur in Jesus. Sein Name ist der höchste. Selbst Engel beugen sich vor ihm und beten ihn an.

Die Offenbarung Gottes geschah nicht an ein großes, mächtiges Volk, an ein Weltreich o. ä., sondern sie geschah an ein kleines, verschmähtes Volk, das Volk der Juden. So wurde der Messias auch nicht in Jerusalem, dem Ort des Tempels und der Obrigkeit geboren, sondern in einem kleinen Städtchen namens Bethlehem (Micha 5, 1). Oft hat Gott Kleines, Geringes, Verachtetes erwählt. Kein Gremium der Welt würde eine solche Wahl treffen. Doch Gott sucht und beruft das Schwache.

Das schwache, geschundene Volk Israel, das schon zu alttestamentlichen Zeiten nur durch das Eingreifen Gottes überleben konnte, war von ihm erwählt worden. Viele Propheten haben – oft Jahrhunderte vorher – angekündigt, was Gott würde kommen lassen. In dieses Volk hinein wurde Gottes Sohn geboren, mit einer Ahnenreihe, die bis auf Adam zurückgeht (Lukas 3, 38). In Jesus, dem neuen Adam, wurde Adams Ungehorsam unwirksam gemacht für die, die Jesu Eigentum werden. Sie sind »eine neue Schöpfung« (2. Korinther 5, 17).

Nicht nur Jesus kam aus dem jüdischen Volk, auch alle Apostel kamen daraus, Paulus war sogar ein Pharisäer und Schriftgelehrter gewesen (Apostelgeschichte 22, 3; 23, 6). Es sind Hunderte Stellen im Alten Testament, die im Heilsgeschehen um Jesus sowie auch in der Mission zur Erfüllung gelangen. Selbst für die letzten Tage dieser Weltzeit, für das Kommen Jesu und die Zeit danach gibt es Prophetien, die wir in der Bibel finden. So kann Jesus im Gespräch mit der Samariterin deutlich machen, dass aus den Juden, d. h. aus den an dieses Volk ergangenen Offenbarungen, das Heil kommt.

Auch wenn Jesus damals von Leuten seines eigenen Volkes verstoßen wurde, lässt sich daraus keine Verwerfung für immer ableiten (Römer 11, 2). Nur durch Israels damalige Weigerung, das Heil anzunehmen, wurde den andern Völkern die Gnade der Errettung angeboten (Römer 11, 11). Doch auch das ganze Israel wird sich wieder dem Messias Jesus zuwenden und ihn annehmen (Römer 11,12.25.26).

Gott kommt zum Ziele! »Unwiderruflich sind Gottes Gaben und seine Berufung!« (Römer 11, 29). Die Berufung Israels als Herkunftsort des Heils ist genauso unwiderruflich wie die Berufung der anderen Nationen, um Gottes Ruhm zu mehren, sein Wort zu verbreiten und die Schar seiner Anbeter zu vergrößern.

Unwiderruflich ist auch Jesu Ruf an Sie, lieber Leser. Er, der für Sie litt und starb, der Ihre Sünde trug, – er schenkt Ihnen neues Leben. Nicht erst für das neue Jerusalem, sondern schon hier auf der Erde – für Ihr persönliches Leben – gilt: »Siehe, ich mache alles neu!« (Offenbarung 21, 5).

29.

»... damit wir nicht übervorteilt werden vom Satan.«

2. Korinther 2, 11

Der Zusammenhang des Textes zeigt, wie wichtig Paulus die Vergebung nimmt. Er fordert die Gemeinde auf, demjenigen, der ihn beleidigt hatte, zu vergeben, da er selbst, Paulus, ihm ja auch vergeben habe. Keiner hat ein Recht, einem anderen die Vergebung zu verweigern! Dies wird deutlich in der Bibel gesagt. Jesus forderte zu unbegrenzter Vergebungsbereitschaft auf (Matthäus 18, 22). Prof. Adolf Schlatter schreibt hierzu: »Mit dieser Zahl untersagt Jesus Petrus das Zählen. Petrus sieht nicht, dass er mit seinem Zählen eben doch nicht vergibt. Er spart die Sünde auf, legt die neue zur alten, summiert sie fleißig, und wenn die Summe erreicht ist, dann will er strafen, und die Liebe ist tot. Wer vergibt, tut die Sünde weg, so dass sie nichts mehr nach sich zieht.«

Der Knecht, der zwar gerne für sich selbst Vergebung (Erlassen der Schulden) in Anspruch nahm, aber nicht bereit war, einem anderen eine Bagatellschuld zu erlassen, verlor sogar seine schon erhaltene Vergebung und wurde der alten Strafe wieder anheim gegeben (Matthäus 18, 32-35). Jesus selbst kannte nicht einen einzigen Rachegedanken; als die römischen Soldaten ihn ans Kreuz nagelten, bat er den himmlischen Vater, ihnen zu vergeben (Lukas 23, 34). Die Gesinnung Jesu ist für uns verpflichtendes Vorbild; deshalb fordert Paulus: »Ein jeglicher sei gesinnt wie Jesus Christus« (Philipper 2, 5).

Wer nicht vergibt, hält dem Satan Türen offen, durch die er eindringen kann, um Bitterkeit, Hass und Zerstörung anzurichten. Es ist von fundamentaler Wichtigkeit, dass in jeder Ehe, in jeder Gemeinschaft und in jeder Gemeinde das Prinzip der Vergebung regiert, wie Jesus es uns vorgelebt hat. Nur so ist ein gedeihliches Miteinander und ein inneres Wachstum möglich. Wer nicht bereit ist zu vergeben, der ist in einer Falle des Teufels gefangen. Durch das Verweigern der Vergebung übernimmt er antigöttliche Charakterzüge und treibt nicht mehr das Werk Gottes, sondern das Werk des Teufels. Er ist dem Teufel »auf den Leim gegangen« und tut dessen Werke, auch wenn er weiterhin christlich religiös ist.

Die Gemeinde, die Ehe und die Familie sind wie eine belagerte Festung. Zwietracht und Unversöhnlichkeit sind in einem solchen Falle doppelt gefährlich, weil sie dem Feind den Eingang öffnen und er die Festung von innen her zerstören kann. Die Absicht des Satans ist es, in uns die Erinnerung an die Fehler der anderen wach zu halten und sie uns groß vor Augen zu stellen. Wir sollten um diese Absicht des Teufels wissen. Auch wenn unser Mitmensch keine Reue zeigt, müssen wir ihm aus biblischem Gehorsam und im Widerspruch zu unseren Gefühlen die Vergebung gewähren, nach dem Vorbild Jesu. »Und vergib uns unsere Schuld, wie auch wir vergeben unseren Schuldigern!« (Matthäus 6, 12).

30.

»Denn die Zeit ist da, dass das Gericht anfängt am Hause Gottes.«

1. Petrus 4, 17

Durch das Wörtchen »denn« wird der Zusammenhang mit den vorhergehenden Aussagen hergestellt. Sie handeln davon, dass Leiden und Schmach ein Bestandteil des christlichen Lebens sind. Fehlverhalten des Gläubigen sowie Übergriffe in fremde Kompetenzbereiche dürfen natürlich nicht die Ursache dieser Nöte sein. Es ist hingegen eine Ehre, um Christi willen zu leiden, d. h. Beeinträchtigungen und Verfolgungen ausschließlich deswegen zu erfahren, weil man dem Herrn Jesus treu bleibt und sich vom Glauben an ihn nicht abbringen lässt.

»Ihr dürft euch glücklich preisen, wenn ihr beschimpft werdet, weil ihr euch zu Christus bekennt; denn dann ist der Geist Gottes bei euch, in dem Gottes Herrlichkeit gegenwärtig ist« (1. Petrus 4, 14).

Das Haus Gottes ist die Gemeinde, zu der der einzelne Gläubige als lebendiger Baustein einen großen Teil beiträgt (1. Petrus 2, 15; 1. Timotheus 3, 15). Keiner ist überflüssig, sondern jeder hat eine Gabe und eine Aufgabe an diesem geistlichen Bau.

Das Gericht, das den Gläubigen widerfährt, hat Läuterungscharakter. Letzte verbliebene Reste von Weltliebe sollen beseitigt werden. Unreines wird abgelegt und macht der makellosen Reinheit Platz, in der Jesus seine Braut, die Gemeinde, sehen will. Trennung von Nichtigem und Oberflächlichem soll geschehen. Gott sucht nicht die fromme Betriebsamkeit, sondern die »erste Liebe« (Offenbarung 2, 4). Wehe uns, wenn wir daran vorbeigehen und Gott stattdessen mit vielen frommen Werken beeindrucken wollen!

Hier auf Erden schickt Gott seiner Gemeinde das Gericht und beabsichtigt dabei ihre Vervollkommnung. Dahinter steht eine liebende Absicht. Es ist kein Strafgericht, keine Vernichtung, – sondern Läuterungsgericht, das uns zur Buße leitet und uns zur innigen Liebe zum Heiland zurückführt. Dieses Gericht gibt uns eine Chance zum Neuanfang!

Das Gericht Gottes fällt umso geringer aus, je mehr wir uns selbst richten (1. Korinther 11, 31); Buße zu tun bedeutet, mit sich selbst ins Gericht zu gehen und sich mit den Maßstäben Gottes messen zu lassen. Martin Luther hat gesagt, dass das Christenleben eine tägliche Buße sein soll.

Der Unterschied zwischen unserem Ist-Zustand und dem aus Gottes Wort abgeleiteten Soll-Zustand macht uns demütig: wir richten uns selbst (keiner richte den anderen!), stufen uns als hilfs- und heilungsbedürftig ein – und strecken froh und gern die Arme zu dem Erretter aus, dessen Absicht es ist, uns zu ihm hin zu heiligen. Er arbeitet durch den Heiligen Geist an uns, um uns zu verändern und uns ihm wohlgefällig zu machen.

»Das ist der Wille Gottes: eure Heiligung!« (1. Thessalonicher 4, 3).

31.

> »Daran wird jedermann erkennen,
> dass ihr meine Jünger seid, wenn ihr
> Liebe untereinander habt.«

Johannes 13, 35

Gottes Liebe zeigt sich darin, dass er Jesus sandte, um die Menschheit zu retten (Johannes 3, 16). Gott dachte damals in suchender Liebe an uns; sind wir auf sein Heilsangebot eingegangen, so umgibt er uns mit väterlicher Liebe. Auch der Dienst Jesu war von Liebe gekennzeichnet: Hingabe an Gott und völlige Liebe zu uns, was in seinem Tod am Kreuz abzulesen ist.

Nach Jesu Willen sollen alle, die ihm nachfolgen, eine grenzenlose Liebe untereinander haben. Das innere Band zwischen den Gläubigen soll so stark sein, dass dies nach außen hin auffällt und die Welt sich darüber wundert. Warum können Christen so lieben – und auch so verzeihen? Weil sie von ihrem Herrn und Retter durchdrungen sind und sein Wesen angenommen haben.

Auch Menschen, mit denen man von der Lehre her nicht übereinstimmt, soll man mit dem Blick der Liebe sehen.

Nehmen wir das Wort Jesu aus Johannes 13, 35 als Beurteilungsgrundlage, dann scheint es kaum echte Christen zu geben. Dem aufmerksamen Beobachter fallen solche, die sich Christen nennen, nicht durch die Kraft ihrer Liebe auf, sondern durch ihre Streitereien (»Theologengezänk«). In den Gemeinden herrscht abträgliches Gerede; man beobachtet einander misstrauisch. Theologische Rechthaberei und unterschiedliche Ansichten in Lehrfragen führen zu Ausgrenzungen. Wer eine Nuance der biblischen Wahrheit anders sieht, wird nicht mit gleicher Liebe geliebt, ja manchmal sogar als Feind betrachtet.

Wir müssen bedenken: Jesus hat nicht gesagt, dass man Gotteskinder am Streiten und sich Abqualifizieren erkennen soll, sondern an der Liebe!

Die verdorbene und verführerische Welt sollen wir unter keinen Umständen lieb haben (1. Johannes 2, 15). Weltliebe und Gottesliebe passen nicht zusammen, weil die Welt zum Entfaltungsraum des Bösen geworden ist. In unseren Glaubensgeschwistern aber wohnt derselbe Geist Gottes wie in uns, und sie sind wie wir durch das Blut Jesu erlöst. Deshalb gehören sie zu uns und wir zu ihnen, auch wenn es Unterschiede in Lehransichten gibt.

Sehen wir andere Christen mit dem Blick der Liebe, dann stellen wir fest, wie viel Gemeinsames wir beim anderen finden: er glaubt – wie wir – an die Erlösung durch Jesu Opfertod, er bekennt sich – wie wir – zum dreieinigen Gott, er glaubt – wie wir – an die Unfehlbarkeit des Wortes Gottes, usw. Christen, die uns bisher fremd waren (weil sie zu einer anderen Gruppe oder Kirche gehören), sind uns auf einmal nah, und wir erleben, wie wohl es tut, auch dort Glaubensgeschwister zu haben, wo wir es nicht vermuteten.

Das Liebesgebot (Johannes 13, 34.35) ist das einzige Gebot, das Jesus ausgesprochen und uns aufgetragen hat. Es ist für uns verbindlich, da aus seiner Befolgung abgelesen werden kann, ob wir wirklich zu Jesus gehören oder ob wir nur »religiös« sind.

32.

»Wenn euch jemand nicht aufnehmen und eure Rede nicht hören wird ... Dem Land der Sodomer und Gomorrer wird es erträglicher ergehen am Tag des Gerichts ...«

Matthäus 10, 14.15

Die Leute in Sodom waren schlecht und sündig (1. Mose 13, 13). Sie erleiden nun ein ähnliches Schicksal wie die von Gott abgefallenen Engel, die sich dem Satan angeschlossen haben (Judas 6 u.7). Ihnen wird Unzucht zur Last gelegt: geistliche, indem sie von Gott abfielen, sexuelle, indem sie jede denkbare Perversität begingen. Die zu Lot gesandten Gottesboten wollten ihn homosexuell vergewaltigen (1. Mose 19, 5). Ihr ruchloser Wandel quälte den gerechten Lot, der unter ihnen wohnen musste, und Gott äscherte die Städte Sodom und Gomorra ein; mit ebenso strengem Gericht verfährt Gott gegen die Engel, die gesündigt haben. Gott hat sie in die finsteren Höhlen des Abgrundes hinabgestürzt, um sie für das Gericht aufzubewahren.

Nicht nur im Neuen Bund stehen Sodom und Gomorra als das Sinnbild des Abfalls und der Perversion. Auch durch den Alten Bund zieht sich das Wissen um die Verwerflichkeit ihres Tuns, das aus einem überheblichen, gotteslästerlichen Wesen rührte. Die wegen ihrer Sünde zerstörten Städte werden immer wieder im Zusammenhang mit Gerichtsandrohungen erwähnt. In ihrer Bosheit und Gotteslästerung scheinen sie durch nichts zu übertreffen gewesen zu sein.

Doch Jesus setzt andere, verschärfte Bewertungsmaßstäbe. Waren Sodom und Gomorra schon der Abschaum gewesen, so teilt er uns mit, dass es weitaus Schlimmeres gibt! Wer ihn, den Sohn Gottes, sowie seine Boten abweist, der vergeht sich in so unvorstellbarer Weise an der Heiligkeit Gottes, dass das gegen Sodom und Gomorra ergangene Gericht erträglich, ja angenehm erscheint – verglichen mit dem entsetzlichen Gericht, das sich diejenigen einhandeln, die sich gegen den Sohn Gottes stellen. In Jesus ist Gott Mensch geworden; in ihm begegnet uns die Gottheit leibhaftig in ihrer ganzen Fülle (Kolosser 2, 9). Er erfüllte und vollendete das Gesetz, so dass seitens des Gesetzes keine Forderungen mehr an uns bestehen. In ihm, Jesus, ist alles erfüllt; denn er ist das Ende, d. h. das Ziel und der Abschluss des Gesetzes (Römer 10, 4). Künftig kann nur noch der gerecht werden, der an ihn, Jesus, glaubt! Einen anderen Weg gibt es nicht, da Jesus der einzige Weg ist, der zum Vater führt (Johannes 14, 6).

Die Städte Chorazin und Bethsaida hatten das gewaltige Wirken Jesu erlebt – und keine Buße getan! Ihnen wird es schlimmer ergehen als Tyrus und Sidon. Das hochgepriesene Kapernaum wird ins Totenreich hinabfahren und ein noch schlimmeres Gericht erleben, als es die Sodomer hatten. Denn Sodom hätte Buße getan, wenn in ihm solche Machttaten geschehen wären wie in Kapernaum (Matthäus 11, 20-24).

Die Leute von Ninive wie auch die zu Salomo gekommene Königin des Südens (aus Saba) werden in Gottes Gericht als Belastungszeugen auftreten und diejenigen verdammen, die den Anspruch Jesu ablehnen (Matthäus 12, 41.42; Lukas 11, 31). »Seht zu, dass ihr den nicht abweist, der da redet!« (Hebräer 12, 25). In Jesus begegnen uns die Güte und Liebe Gottes. Durch ihn finden wir Frieden und Erlösung, Freude und Glück. Wohl dem Menschen, der die Einladung Jesu vernimmt und der ihm nachfolgt! Wer vorsätzlich, bewusst und wiederholt Nein sagt zu diesem Rettungsangebot Gottes, der beleidigt Gott.

33.

»Denkt an Lots Frau!«

Lukas 17, 32

Gott wollte Lot samt seiner Frau und seinen beiden Töchtern retten (1. Mose 19, 15 ff.). Sie hatten Gnade in seinen Augen gefunden, da sie im Glauben treu waren. Von den Sünden, die in Sodom und Gomorra das Leben aller anderen Bewohner prägten, hatten sie sich fern gehalten.

Lots Frau gehorcht dem göttlichen Befehl nur teilweise. Sie verlässt zwar ihr Hab und Gut, aber sie wagt dennoch einen Blick zurück. Ob dies ihrer Neugier entspringt oder ob Trennungsschmerz das Motiv ist oder ob sie gar genüsslich sehen will, wie all die anderen untergehen, die ihnen viele Jahre lang das Leben so schwer gemacht hatten, wissen wir nicht. Ihr Ungehorsam aber hat tödliche Folgen: von dem gewaltigen Ereignis fasziniert, bleibt sie wie angewurzelt stehen – und wird Teil des untergehenden Sodoms. Sie bleibt dort, woran ihr Herz hängt. Lots Frau war unfähig, ihre

Blicke von der Vergangenheit weg zu lenken und das aufzugeben, was sowieso schon verloren war.

Die Rettung und das neue Leben hatten vor ihr gelegen; doch sie hatte sich als unwillig erwiesen, dem Neuanfang absolute Priorität einzuräumen. Ihr Mann und ihre Töchter dagegen gehorchten Gott: sie blickten nicht zurück, sondern nach vorn. Ihre Augen waren auf die Rettung ausgerichtet. Sie waren zukunftsorientiert.

Lieber Leser, wovon können Sie sich nicht lösen? Machen Sie immer noch Kompromisse mit der Sünde? Tragen Sie noch Gedanken des Grolls und der Bitterkeit mit sich herum? Geht es Ihnen wie dem reichen Jüngling (Markus 10, 17-27), d. h. Sie können sich von Ihrem Besitz und Einkommen nicht trennen? Oder verweigern Sie Gott den Zehnten, der ihm zusteht (Mal. 3, 10) und den unser Glaubensvater Abraham eingeführt hat (1. Mose 14, 20)?

Wenn Jesus wiederkommt, werden Sie dann vielleicht doch zurückbleiben, weil Sie sich nicht ganz dem Heiland geweiht haben, obwohl Sie zur Schar der Erretteten gezählt wurden. Auch Lots Frau war die Rettung zugedacht. Doch sie verschmähte sie. Ähnlich erging es den törichten Jungfrauen (Matthäus 25, 1-13).

»Niemand, der seine Hand an den Pflug gelegt hat und zurückblickt, ist tauglich für das Reich Gottes« (Lukas 9, 62). Wer beim Pflügen zurückblickt, zieht krumme Furchen. Er macht sich und seinen Herrn zum Gespött.

Lassen Sie uns Menschen der Zukunft sein, die auf das Kommen des Herrn warten, Menschen, die sich in seiner Nachfolge heiligen und die sein Reich bauen helfen! »Denkt an Lots Frau.«

34.

»Wenn ihr das königliche Gesetz erfüllt, nach der Schrift ›Liebe deinen Nächsten wie dich selbst‹, so tut ihr recht.«

Jakobus 2, 8

Es ist eine biblische Grundvoraussetzung, dass wir uns selbst lieben sollen. Dieses Gebot steht erstmals in 3. Mose 19, 18; sein Anspruch auf Gültigkeit ist dort noch durch den Zusatz verstärkt: »denn ich bin Jahwe (der Herr)«. Selbstliebe bedeutet, zum Geschaffensein, zum Sosein und zu den Führungen Gottes ja zu sagen; es bedeutet ebenfalls, nicht daran herumzumäkeln und Gott Vorhaltungen zu machen, warum man gerade so und nicht anders geschaffen ist. »Siehe, es war sehr gut« (1. Mose 1, 31), wird über Gottes Schöpfung gesagt.
Dieselbe Haltung fröhlicher Dankbarkeit drückt sich in Psalm 139, 14 aus: »Ich danke dir dafür, dass ich wunderbar gemacht bin; wunderbar sind deine Werke …« Weil Gott uns in Liebe geschaffen hat, dürfen wir ihm danken.

Dasselbe Maß, mit dem wir unser Sosein bejahen, sollen wir an unsere Mitmenschen anlegen und mit gleicher Freudigkeit ja zu ihnen sagen – ohne Einschränkung (… lieben wie dich selbst …). Die Anweisung aus 3. Mose 19, 18 begegnet uns ebenfalls in Matthäus 22, 39, Lukas 10, 27, Römer 13, 9, Galater 5, 14. In Matthäus 5, 43 wird wiedergegeben, wie der Volksmund den Vers verfälscht und eine Begründung für das Hassen hineingelegt hat, die aber mit dem ursprünglichen Text (3. Mose 19, 18) nicht übereinstimmt. Epheser 5, 28-29 sagt: »Wer seine Frau liebt, der liebt sich selbst. Denn niemand hat jemals sein eigenes Fleisch gehasst …«

Epheser 5, 33: »Der Mann soll seine Frau lieben wie sich selbst.«

Auch die bei uns lebenden Ausländer sollen wir lieben wie uns selbst (3. Mose 19, 34).

Das Gesetz unseres himmlischen Königs (Jakobus 2, 8) erfordert, dass wir die biblische Selbstannahme zum Maßstab für die Annahme aller Mitmenschen machen. Wenn wir das tun, erfüllen wir den Willen Gottes und werden gelobt. Das Gebot der Liebe wird deswegen als königlich bezeichnet, weil die Liebe die Erfüllung des Gesetzes ist (Römer 13, 10) und weil die Liebe sogar den Glauben und die Hoffnung übertrifft (1. Korinther 13, 13).

Wir dürfen aber unter keinen Umständen vergessen: »Du sollst Gott, deinen Herrn, lieben von ganzem Herzen, von ganzer Seele und von ganzem Gemüte« (5. Mose 6, 5; Matthäus 22, 37). Von allen Geboten ist dieses das größte (Matthäus 22, 38).

Selbstliebe und Nächstenliebe (auch Feindesliebe) ergeben nur einen Sinn, wenn ihnen das Gebot ungeteilter und völliger Gottesliebe vorgeschaltet ist.

35.

»In ihm (Jesus) … seid ihr versiegelt worden mit dem Heiligen Geist der Verheißung«

Epheser 1, 13

Drei Abschnitte im 1. Kapitel des Epheser-briefes beginnen mit den gleichen Worten:
Vers 7 f.: »In ihm haben wir die Erlösung durch sein Blut, die Vergebung der Sünden …«
Vers 11 f.: »In ihm sind wir auch zu Erben eingesetzt worden …«
Vers 13 f.: »In ihm seid auch ihr, die ihr das Wort der Wahrheit, das Evangelium eures Heils, gehört habt und gläubig geworden seid, versiegelt worden mit dem Heiligen Geist der Verheißung.«
Jesus Christus erlöste uns durch sein Blut, er machte uns zu Erben des ewigen Lebens, und er drückte uns das Siegel des Heiligen Geistes auf (siehe auch Epheser 4, 31).
Das Siegel bezeichnet den Besitzanspruch, den Jesus auf unser Leben hat; durch ihn gehören wir Gott. Nur er regiert unser

Leben, Denken und Wollen. Das Siegel schützt das Gut und macht es unantastbar, in diesem Fall: den versiegelten Menschen. Die Finsternis muss weichen, und der brüllende Löwe (1. Petrus 5, 8) vermag ihn allenfalls einzuschüchtern, aber nicht zu verschlingen. Die Versiegelung ist ein hoheitlicher Akt. Im Alltag hört man davon, dass die Polizei eine Wohnung versiegelt, der Zoll einen LKW oder Container u. ä. Die Manipulation am Siegel (Siegelbruch) ist strafbar.

Durch die Wiedergeburt werden wir zu anderen Menschen (Johannes 3, 3). »Das Alte ist vergangen; Neues ist geworden« (2. Korinther 5, 17). Wer Jesus als den Herrn seines Lebens aufnimmt, wird ein Kind Gottes und empfängt neues, bleibendes Leben (Johannes 1, 12.13; 3, 5.6). Wir sind nachweislich Gottes Eigentum geworden und stehen unter dem Schutz des lebendigen Gottes. »Wer euch antastet, der tastet meinen Augapfel an«, spricht der Herr (Sacharja 2, 12).

Jesus, unser Heiland, hat uns selbst das Siegel des Heiligen Geistes aufgedrückt und uns damit vor der unsichtbaren Welt (vor Gottes Engeln wie auch vor Satans Heer) zu seinem Eigentum erklärt: mit Blut erkauft und erbberechtigt. Unser Herr wacht darüber, und er schützt uns vor dem Feind, der sich an dem göttlichen Siegel zu schaffen macht und uns aus dem Herrschaftsbereich Jesu herauslocken möchte.

Gottes Knechte und Mägde sind wertgeachtet. Auf sie sieht der Herr ganz besonders. So wird den vier Engeln in Offenbarung 7, 3 gesagt: »Tut der Erde und dem Meer und den Bäumen keinen Schaden, bis wir versiegeln die Knechte unseres Gottes an ihren Stirnen.« In Offenbarung 9, 4 ff. gehen dann die Plagen an den Gottgeweihten vorbei; von den Strafgerichten sind aber diejenigen betroffen, die ohne Gottes Siegel sind, d. h. die es abgelehnt hatten, durch Jesu Blut erneuert und somit Gottes Eigentum zu werden.

Wenn wir durch Jesus das Siegel des Heiligen Geistes tragen, so erblühen wir zu einem geheiligten Leben; Gottes Geist wird dann nicht betrübt (Epheser 4, 30), sondern erfreut.

36.

»Vergiss nicht ...!«
Psalm 103, 2

Vergesslichkeit kann mit einer Überfülle an Information zusammenhängen; man behält nicht mehr alles – und vergisst. Hinter dem Vergessen steht manchmal aber auch eine Herzenshaltung, die etwas, das als Gottes Anspruch besteht und das der Mensch als unbequem empfindet, abwehren und aus dem Bewusstsein verdrängen will.

Den Bund, den Gott mit uns geschlossen hat, sollen wir nicht vergessen – ebenso wenig, dass wir uns kein Bildnis zum Zweck der Verehrung machen dürfen (5. Mose 4, 23). Auch Gott wird den Bund seinerseits nicht vergessen (V. 31). Der Mensch wird zum Erinnern und Einhalten aufgefordert. Gott erwartet aber nicht nur Handeln, sondern auch, dass wir uns immer wieder seine Zusagen in Erinnerung bringen. Sie gelten fest und unerschütterlich.

An vielen Stellen der Bibel werden wir aufgefordert, nicht zu vergessen.

Auch an unser Versagen sollen wir denken. »Denke daran und vergiss nicht, wie du den Herrn, deinen Gott, erzürntest in der Wüste!« (5. Mose 9, 7). Dieses Nicht-Vergessen hat nicht den Zweck einer ständig neuen Selbstanklage. Vielmehr sollen wir bedenken, wie groß Gottes Gnade ist und wie viel er uns schon vergeben hat. Ohne sein Erbarmen könnte niemand von uns bestehen. Ebenso sollen wir aus den Sünden und Fehlern, die wir begangen haben, lernen: a) Wie kam es dazu? b) Was ging voraus? c) Warum wurde ich schwach und konnte meine Vorsätze nicht einhalten? d) Wie kann ich künftiges Versagen vermeiden? Im Rückblick auf unsere Schuld dürfen wir lernen, dass uns vergeben wurde und dass wir durch Gottes Kraft gegen die Versuchung kämpfen können. »Ihr habt den Bösen überwunden« (1. Johannes 2, 13). »Alles, was von Gott geboren ist, überwindet die Welt; und unser Glaube ist der Sieg, der die Welt überwunden hat« (1. Johannes 5, 4). »Vergiss nicht, was er dir Gutes getan hat…!« (Psalm 103, 2). In den nächsten Versen wird aufgezählt, was zu diesem Guten gehört:

- Er vergibt dir alle deine Sünden.
- Er heilt alle deine Gebrechen.
- Er erlöst dein Leben vom Verderben.
- Er krönt dich mit Gnade und Barmherzigkeit.
- Er macht deinen Mund wieder fröhlich.
- Du wirst wieder jung wie ein Adler.

»Der Gerechte wird nimmermehr vergessen« (Psalm 112, 6). »Die früheren Ängste sind vergessen« und aus Gottes Augen entschwunden (Jesaja 65, 16). »Selbst die scheinbar so wertlosen Sperlinge sind vor Gott nicht vergessen« (Lukas 12, 6), – und wie viel weniger wir, die wir seine geliebten Kinder sind!

Wenn wir Jesus nachfolgen, ist es erforderlich, zu vergessen, was dahinten liegt, und uns auszustrecken nach dem, was vor uns liegt; denn nur indem wir ohne Beeinträchtigung durch die Vergangenheit konsequent auf das Ziel zugehen, erhalten wir den Siegespreis der himmlischen Berufung (Philipper 3, 13 f.). Kein Blick zurück in alte Zeiten, in das Leben der Sünde und ohne Gott! Wer pflügen will, muss nach vorne schauen (Lukas 9, 62), damit seine Furchen nicht krumm werden und er sich nicht zum Gespött der Leute macht.

Wer Jesus nachfolgen will, muss ebenfalls nach vorne schauen und muss sich am Ziel orientieren. Der Blick zurück ist fatal, wie wir es von Lots Frau wissen (1. Mose 19, 17 u. 26).

37.

»Lasst uns Gutes tun!«

Galater 6, 9.10

Durch die ganze Bibel zieht sich die Aufforderung zur Großzügigkeit und Mildtätigkeit. Knauserigkeit bedeutet Mammon-Kult. Habsucht und Geiz gehen einher mit dem Abfall vom Glauben (1. Timotheus 6, 10). Selbst Jesus und seine Jünger, die von Spenden lebten (Lukas 8, 3), gaben Almosen an die Armen (Johannes 13, 29). Auch die Urgemeinde war karitativ tätig und kümmerte sich um die Unterversorgten (Apostelgeschichte 6).

Da Gott der Geber aller guten Gaben ist, ist es selbstverständlich, dass wir andere an dem teilhaben lassen, was uns gegeben wurde. Unser Glaubensvater Abraham gab als Erster den Zehnten (1. Mose 14, 20); fortan haben es alle Gläubigen so gehalten, und viele tun es auch heute noch, aus freudigem Gehorsam. Gott fordert dazu auf, den Zehnten uneingeschränkt zu geben (Maleachi 3, 10). Das alttestamentliche Gottesvolk beschränkte sich nicht auf den Zehnten, sondern gab auch Erstlingsgaben (2. Mose 23, 16.19; 5. Mose 26, 1-11). Hierin drückt sich die Dankbarkeit gegenüber Gott aus.

Jesus und die Apostel stehen voll in dieser guten Tradition und führen sie fort. Es wird als selbstverständlich angesehen, dass man bei Notlagen zusätzlich spendet. Ja, es ist sogar ein Vorrecht, finanziell helfen zu dürfen, und viele mazedonische Christen haben den Apostel Paulus bestürmt, sie doch auch spenden und damit Gutes tun zu lassen (2. Korinther 8, 3.4). Deswegen erbittet Paulus auch von den anderen ein großzügiges Opfer, und er überbringt schließlich die Sammlung selbst nach Jerusalem an die Not leidende Gemeinde (2. Korinther 8 u. 9).

»Gebt, so wird euch gegeben. Ein volles, gedrücktes, gerütteltes und überfließendes Maß wird man in euren Schoß geben; denn eben mit dem Maß, mit dem ihr messt, wird man euch wieder messen« (Lukas 6, 38).

Das Geben wird mit dem Umgang mit Saatgut verglichen: »Wer kärglich sät (gibt), der wird auch kärglich ernten (empfangen); wer aber im Segen (großzügig) sät, der wird auch im Segen (großzügig) ernten« (2. Korinther 9,6). »Einen fröhlichen Geber hat Gott lieb« (2. Korinther 9, 7).

Im Geben drückt sich der Dank dafür aus, dass Gott für uns sorgt und dass er uns allen geistlichen und materiellen Segen gibt, den wir benötigen.

»Lasst uns aber Gutes tun und nicht müde werden; denn zu seiner Zeit werden wir auch ernten, wenn wir nicht nachlassen« (Galater 6, 9).

38.

»Euer Leib ist ein Tempel des Heiligen Geistes ...; darum preist Gott mit eurem Leib.«

1. Korinther 6, 19.20

Wir gehören nicht uns selbst, sondern Gott, der mit seinem Heiligen Geist in uns wohnt. Dem entspricht, was Paulus in Galater 2, 20 sagt: »So lebe nun nicht mehr ich selbst, sondern Christus lebt in mir.«

Gott gibt seinen Geist denen, die an ihn glauben und die ihm gehorchen (Apostelgeschichte 5, 32). Die Innewohnung des Heiligen Geistes soll für andere wahrnehmbar sein. Durch eine fröhliche Heiligung richten wir uns immer mehr auf Jesus aus. »Ich vergesse, was dahinten liegt, und strecke mich nach dem, was da vorne ist, und jage dem vorgesteckten Ziel nach ...« (Philipper 3, 13.14).

Gottes Geist, der in uns ist, bewirkt ein ausgewogenes Maß. Weder verfallen wir der Körperfeindlichkeit noch huldigen wir einem Körperkult.

»Alles, was Gott geschaffen hat, ist gut« (1. Timotheus 4, 4). Körperfeindlichkeit würde bedeuten, das, was Gott geschaffen hat, zu verachten, ja sogar zu verbieten; die hieraus resultierenden Lehren, z. B. Speiseverbote, Verbot der Ehe, sind dämonischen Ursprungs (1. Timotheus 4, 1-3). Beim Körperkult (exzessiver Sport, Fitness-Wahn, Vergötzung der Jugendlichkeit etc.) wird der Körper zu sehr in den Mittelpunkt gestellt, so als sei das Physische, Sichtbare, das höchste Ziel. Sowohl den Ausschweifungen (»Fressen«, »Saufen«, sexuelle Zügellosigkeit) als auch der übertriebenen Askese liegt eine gestörte Beziehung zu Gott wie auch zu unserem Körper – dem Tempel des Heiligen Geistes – zugrunde.

Der Körper gibt der menschlichen Seele und dem menschlichen Geist Wohnung (1. Thessalonicher 5, 23). Unser Geist stellt den unvergänglichen, ewig lebenden Teil von uns dar (Lukas 23, 46; Apostelgeschichte 7, 59). Eine besondere Bewertung erfährt der Körper des Gläubigen dadurch, dass Gott seinen Geist darin wohnen lässt.

»Sorgt für den Leib, – aber nicht so, dass ihr den Begierden verfallt!« (Römer 13, 14). In der Achtung und Pflege unseres Körpers kommt die Achtung vor seinem Schöpfer und Erhalter zum Ausdruck.

Durch unseren Körper, der uns trägt und erhält, sind wir in die Lage versetzt, Gott zu dienen und zu seiner Ehre zu wirken. Unser Körper, der Tempel des Heiligen Geistes, ist ein zerbrechliches Gefäß (2. Korinther 4, 7). Das Gefäß ist nicht als solches wertvoll, sondern erst durch den Inhalt, der in es hineingegeben wird, d. h. durch Gottes Geist, der uns bewohnt.

Fragen:

Sind wir ein Tempel, in dem es dem Heiligen Geist gefällt? D. h., sind wir ihm völlig geweiht und folgen konsequent Jesus nach? Oder betrüben wir ihn (Epheser 4, 30), indem es Nebengötter in unserem Leben gibt (ein dickes Ich, Geld, Karriere, oberflächliche Religiosität)?

Gott will, dass wir ungeteilt ihm gehören und ein Leben der konsequenten Nachfolge führen.

39.

»... streitet nicht über Meinungen!«

Römer 14, 1

Dem Apostel Paulus ist es sehr wichtig, die
Einheit in Jesus zu betonen. Wie er in diesem Kapitel ausführt, gibt es in der Gemeinde »Schwache« und »Starke«. Sie haben in
manchen Punkten unterschiedliche Ansichten. Diese Unterschiedlichkeit will Paulus
erhalten wissen; denn sie gehört zur individuellen Glaubensprägung dazu. Für den
einen gilt es, alles zu meiden, was auch in
entfernter Weise den Glauben gefährdet,
während ein anderer der festen Überzeugung ist, dass gegenüber der Macht Jesu
alles Dämonische seine Kraft verloren hat.
Dieser »Starke« kann getrost Speisen und
Getränke zu sich nehmen, die mit heidnischen Weiheformeln belastet sind. Er ist
sich dessen sicher, dass alle Speise durch
Christus geheiligt und nichts an sich unrein
ist (1. Timotheus 4, 4 und 5).
Zur Zeit des Neuen Testaments handelte es
sich hier hauptsächlich um Fleisch und

Wein. Doch auch andere Gegenstände können im Rahmen von nichtgöttlichen Vorgängen Verwendung gefunden haben. Letztlich geht es – auch für den heutigen Menschen – um den richtigen Umgang mit der gefallenen Welt, in der wir leben. Darf ein Christ nichtchristliche Musik hören? Wenn ja, welche? Welche Literatur darf man lesen? Sind Fernsehen und Computer erlaubt oder verboten? Welche Kleidung, welche Frisuren ziemen sich? Mit diesen und vielen anderen Fragen beschäftigen sich Christen – oft unnötigerweise, wie wir durch Paulus wissen.

Nach biblischer Ansicht muss es nur in zentralen, d. h. heilsbedeutenden Ansichten Einmütigkeit geben; hierzu zählen u. a. die Jungfrauengeburt, die Gottessohnschaft, der Erlösungstod Jesu und seine Auferstehung, wodurch wir die Vergebung unserer Sünden erlangt haben. Fragen des Geschmacks, des Stils, der Kleidung, der Freizeitgestaltung, ja auch der christlichen Gebräuche und Traditionen aber sind Randfragen und somit nebensächlich; hier gibt es aus biblischer Sicht nicht nur eine, sondern verschiedene Anschauungen, die alle richtig und zulässig sind, je nach persönlicher Überzeugung.

An etwas aber, was sie alle eint, werden Christen seitens der Welt erkannt: Sie sind weitherzig und haben eine brennende Liebe zu allen anderen Gläubigen! Johannes 13, 35: »Daran wird jedermann erkennen, dass ihr meine Jünger seid, wenn ihr Liebe untereinander habt.«

»Altmodische« wie auch »fortschrittliche« Gläubige, Weltabgewandte wie auch Weltzugewandte, Ängstliche und Mutige, Schwache und Starke – sie alle haben Platz in der Gemeinde, im Leib Jesu. Die Liebe zu Jesus und die Liebe zueinander bindet sie zusammen (Kolosser 3, 14). Sie haben ein weites Herz und eine gesunde, biblische Toleranz. »Haltet Gemeinschaft mit denen, die einen schwachen Glauben haben! Streitet nicht mit ihnen, wenn ihr anderer Meinung seid!« (Römer 14, 1 »Gute Nachricht«).

Wer Vorschriften, Feiertage, Speisevorschriften etc. zu zentralen Wahrheiten erhebt, ist in die Gesetzlichkeit zurückgefallen und hat das Evangelium geschmälert; ein solcher Mensch lenkt genauso von Jesus ab, wie der Frömmler, Engelverehrer und Visions-Exzentriker demonstrativ auf sich seIbst – statt auf Jesus – hinweist (Kolosser 2, 16-23).

40.

»Pflügt ein Neues, und säet nicht unter die Dornen!«

Jeremia 4, 3

Hier geht es darum, Land, das bisher verwildert und noch nie beackert war, urbar zu machen. Zu diesem Zweck muss es gepflügt werden. Es ist angenehmer, Land zu pflügen, das vorher bepflanzt wurde, weil dies leichter und weniger aufwändig ist. Auf ausgetretenen Pfaden zu gehen, bevorzugen Menschen in vielen Lebensbereichen. Doch Gott erwartet, dass in den schon vorhandenen fruchttragenden Bereichen in unserem Leben weiteres Land hinzugewonnen wird. Um dies zu erreichen, muss man in mühseliger Arbeit Hindernisse wie Steine, Baumstümpfe, Gestrüpp usw. entfernen und dann den Neubruch wagen. Hierzu bedarf es viel Einsatzes und großer Mühe. Es geht um Bereinigung in unserem Leben und in unseren Gemeinden; diese ist die Voraussetzung dafür, dass für das Reich Gottes weitere Territorien gewonnen werden, dass unser persönliches Glaubensleben intensiver wird, dass Gemeinden wachsen, dass Menschen, die unerreichbar schienen, das Evangelium annehmen.

Die Mühsal wäre geringer, würde man nicht zuerst pflügen, sondern sofort unter das Gestrüpp Samen werfen, in der Hoffnung, dass er aufgeht und Frucht trägt. Kein Landwirt wäre so töricht, das zu tun. Sowohl im Reich Gottes als auch in unserem eigenen Leben müssen zuerst alle Hindernisse und fremden Gewächse entfernt werden – und dann muss das befreite Land gepflügt werden. Nur wenn diese Vorarbeiten geleistet sind, lohnt sich das Säen, und ein großer Ernteertrag ist zu erwarten.

Immer wieder leuchtet Gott durch den Heiligen Geist in unser Leben hinein, um uns zur Buße und zur Heiligung zu führen. Er möchte, dass wir nicht nur oberflächlich jäten; sondern wir sollen es gründlich tun und auch die Wurzeln unserer Verstrickungen entfernen, damit keine Sünde mehr nachwachsen kann. Und wenn das Unkraut sich selbst schon ausgesät hat, bevor wir es entfernen konnten, dann lasst es uns in der Folgezeit immer gleich entfernen, wenn die ersten Triebe keck aus dem Boden schauen.

Reinigung wird zeitlebens nötig sein, da auch von Nachbargrundstücken (d. h. von der Welt, in der wir leben) Unkrautsamen zu uns herüber geweht wird und hier aufgehen kann. In der Nachfolge Jesu sollen wir mit Freude und Fröhlichkeit vorwärtsgehen – gleichzeitig aber sorgsam darauf achten, dass unser dem Herrn geweihtes Land sauber bleibt. Denn es ist dem Herrn heilig! Sollte Gottes Acker Dornen und Disteln tragen?! Nein, sondern nur gute Frucht soll darauf zu finden sein. Dadurch wird er geehrt, und wir werden als treue Knechte und Mägde gelobt.

41.

»... verführerische Geister und Lehren der Dämonen, die das Heiraten verbieten«

1. Timotheus 4, 1

Dämonen sind an kaputten Ehen bzw. an Nicht-Ehen interessiert. Sie wollen verhindern, dass sich bei einem Ehepaar die Innigkeit der Liebe Jesu (Epheser 5, 25-33) in Form von Liebe, Treue, Ausschließlichkeit und völliger Hingabe zeigt.

»Es ist nicht gut, dass der Mensch allein sei; ich will ihm eine Hilfe schaffen als sein Gegenüber« (1. Mose 2, 18).

»Wer eine Ehefrau gefunden hat, der hat etwas Gutes gefunden und Wohlgefallen erlangt vom Herrn« (Sprüche 18, 22).

Der Teufel und seine Helfershelfer bemühen sich, die Ehe als nicht erstrebenswert erscheinen zu lassen. Die Angriffe auf die Ehe kommen von den unterschiedlichsten Seiten; ist es bei den einen eine vergeistigte, aber unbiblische Leibfeindlichkeit, so handelt es sich bei den anderen um eine grundsätzliche Infragestellung der Ehe, indem sie als reaktionär-konservative Lebensform gesehen wird, die durch andere, »fortschrittliche« Formen des Zusammenlebens abzulösen sei.

Unverheiratetsein, sei es aus Berufung oder aus Mangel an Gelegenheit, ist in der Bibel die Ausnahme. Die Apostel waren allesamt verheiratet, außer Paulus und Barnabas (1. Korinther 9, 5-6). Ist jemand zur Ehelosigkeit berufen, so stelle er sich nicht über die Verheirateten. Wer heiratet, achte die Unverheirateten. Auch ihr Leben kann vollständig und reich sein. Ist ihre Berufung vom Herrn, dann werden sie nicht schrullig, sondern reif. Sowohl die Ehe als auch die Ehelosigkeit sind ein Stand, der auf göttlichen Prinzipien beruht. Die Ehe ist eine Gnadengabe (griechisch: Charisma), die Ehelosigkeit ebenso (1. Korinther 7, 7). Gott teilt diese Gaben – wie andere – zu.

Erzwungene Ehelosigkeit bzw. Geringschätzen der Ehe sind falsch und folgen den Prinzipien der Dämonen (1. Timotheus 4, 1).

Aber selbst da, wo Ehen zwar geschlossen, aber nicht – ständig neu – mit Inhalt erfüllt werden, kommt der Teufel an sein Ziel: die

Ehe nutzt sich ab, wird hohl und leer und ist schließlich ein Zerrbild dessen, wozu Gott sie bestimmt hat. Eine eheliche Beziehung muss gepflegt und genährt werden, wie Christus die Gemeinde pflegt und nährt (Epheser 5, 29). Das wunderbare, große Geheimnis, von dem Paulus spricht (Epheser 5, 32), ist nur an einer Ehe abzulesen, die in großer Liebe und Hingabe gelebt wird und sich an Gottes Zielen orientiert. – »Wo zwei … in meinem Namen versammelt sind, da bin ich mitten unter ihnen«, sagt Jesus (Matthäus 18, 20). Verheiratet zu sein enthält für Gläubige eine Zusage: Jesus kümmert sich um sie. Er hilft, er heilt und segnet. Probleme können einen nicht mehr zerfressen, sondern sie werden unters Kreuz gebracht, und ihre Lösung wird vom Herrn erbeten. Daraus folgt kein Fatalismus, sondern eine aktive Mitarbeit an der Bewältigung dieser Probleme – so wie der Herr es leitet.

42.

»Freut euch mit den Fröhlichen und weint mit den Weinenden!«
Römer 12, 15

Dem, was anderen widerfährt, sollen wir nicht teilnahmslos gegenüberstehen, sondern uns in ihre Lage versetzen, damit wir ihre Gefühle verstehen.

Gerne kommen wir der Aufforderung nach, uns mitzufreuen, wenn unseren Mitmenschen Gutes widerfährt, wenn Gott sie besonderer Segnung teilhaftig werden lässt, wenn sie von bedrohlicher Krankheit gesund werden usw. Es gibt soviel Grund zur Freude. Keinem käme es in den Sinn, den Fröhlichen die Freude auszureden.

Das Wort Gottes fordert uns aber auch auf zu weinen. Die Anlässe zum Weinen sind sehr verschieden: Für ein Kind genügt eine beschädigte Puppe oder Spielzeug, bei Jugendlichen und Erwachsenen mögen es enttäuschtes Vertrauen, Einsamkeit, körperliche Schmerzen, Verlust des Arbeitsplatzes oder anderes sein. Mancher wird schon durch »geringfügige« Anlässe wie ein unfreundliches Wort, mangelnde Anerkennung, Undankbarkeit usw. zum Weinen gebracht. Es kann auch ein Weinen wegen eigener Schuld oder wegen der Schuld anderer sein. Uns steht kein Urteil zu, ob die Gefühle der Verletztheit, die sich in den Tränen zeigen oder die ohne Tränen – aber dennoch deutlich – ihren Ausdruck finden, begründet sind. Die Tatsache, dass jemand weint und traurig ist, muss uns Anlass sein, mit ihm zu weinen. Im Schmerz darf niemand allein gelassen werden. Es wäre falsch, dem Mitmenschen seinen Schmerz auszureden und ihm klar machen zu wollen, der Anlass hierfür sei viel zu gering.

Es stimmt, dass denen, die Gott lieben, letztlich alles zum Besten dient (Römer 8, 28). Dies ist eine Zielvorgabe, die das Gegenwärtige aus dem Aspekt der Ewigkeit betrachtet. In der aktuellen Notsituation aber ist uns nicht die Rolle des Belehrers oder Besserwissers zugedacht, sondern die des einfühlenden Bruders oder der mitleidenden Schwester.

Auch einem Mann stehen Tränen gut an. Wenn unser Heiland sich nicht scheute, in der Öffentlichkeit zu weinen – warum scheuen wir uns dann?! Haben wir weniger Mitgefühl als Jesus? Halten wir uns das Ergehen der anderen vom Leibe, weil wir damit nichts zu tun haben wollen? Der Apostel Paulus will, dass wir die Gefühle anderer ernst nehmen und uns mit ihnen – sei es in Freude oder in Leid – solidarisieren. In jeder Lebens- und Gefühlslage sollen wir an ihrer Seite stehen.

Dies gilt natürlich auch für die Tränen unserer Frau. Liebevoll und einfühlend sollen wir damit umgehen. Auch wenn eine Situation bei einem Mann keine Tränen auslöst und er nicht versteht, warum sie weint, fordern die Tränen seiner Frau ihn auf, sich in ihr Empfinden einzufühlen und ihren Schmerz lindern zu helfen.

43.

»Jesus aber hörte mit an, was gesagt wurde, und sprach zu dem Vorsteher: Fürchte dich nicht, glaube nur!«

Markus 5, 36

Jesus, der Fürst des Lebens, tritt in ein Haus, in dem der Tod Ernte gehalten hat. Dem verzweifelten Vater, der sein Kind verloren hat, macht Jesus Hoffnung. Statt sich der Ausweglosigkeit der Situation hinzugeben, soll er glauben! Er soll glauben, dass es bei Gott kein Unmöglich und kein »zu spät« gibt. Er soll seine Hoffnung auf den setzen, dem alle Knie sich beugen müssen und dem die Engel zu Diensten sind: Jesus. Die Negativbotschaft der umstehenden »Realisten« hatte Jesus im Ohr. Sie lautete: »Es ist zu spät. Das Kind ist tot. Hier kann keiner mehr helfen.« Jesus schenkte diesen Worten jedoch keine Beachtung; ja, er überhörte sie innerlich, obwohl sie sein äußeres Ohr erreichten. Sein Inneres war fest darauf ausgerichtet, den Willen Gottes zu tun. Die Herrlichkeit seines Vaters im

Himmel sollte sich im Leben derjenigen offenbaren, die sich Hilfe suchend an ihn wandten.

Die Macht Jesu vertreibt Dunkelheit und Schatten, die sich auf uns legen wollen. Unsere Anliegen, Sorgen und Nöte dürfen wir zu ihm bringen; mit aller Verzweiflung können wir zum Heiland kommen; denn er will uns helfen. Er hat sein Ohr und Herz weit geöffnet für uns.

Menschen haben oft genug Grund, sich zu fürchten. Trotz äußerer Sicherheit ist das Leben stark von Ängsten geprägt. Es wird einem bewusst, dass Wohlergehen und Gesundheit nicht selbstverständlich sind und dass sich unversehens alles zum Schlechten wenden könnte. Angesichts solcher Verunsicherung neigt der Mensch zum Zagen und Sorgen. Er wird ängstlich und vergisst, was der Apostel Petrus sagt: »Alle eure Sorge werfet auf ihn; denn er sorgt für euch!« (1. Petrus 5, 7).

Die Bergpredigt hält für uns die Botschaft bereit, dass Gott, der für die Blumen auf dem Feld und die Vögel auf dem Dach sorgt, sich auch um den Menschen kümmert. Statt auf die Dinge der täglichen Nahrung und Kleidung sollen wir unser

Hauptaugenmerk auf das Reich Gottes richten (Matthäus 6, 33). Am Reich Gottes vorbeizugehen wäre das schlimmste Versäumnis, das uns widerfahren könnte.

Wer glaubt, richtet seine Erwartungen ganz auf Gott; er wendet sich ab von hilflosen Helfern und erbittet Hilfe vom Himmel. »Meine Hilfe kommt vom Herrn, der Himmel und Erde gemacht hat« (Psalm 121, 2). »Fürchte dich nicht, glaube nur!« Diese Aufforderung Jesu enthält Trost und Verheißung zugleich. Er will damit sagen: »Lass dich nicht unterkriegen von dem, was dich bedrückt, sondern behalte Gott fest im Blick; denn auf eine Weise, die du nicht für möglich hältst, wird der Allmächtige dir zu Hilfe kommen und deine Not wenden.«

44.

»Für Jahwe gibt es kein Hindernis, zu retten durch viel oder durch wenig.«

1. Samuel 14, 6 [wörtliche Übersetzung]

Dass Gott nicht auf irdisch beeindruckende Stärke (Waffen, Reichtum, Einfluss) angewiesen ist, davon gibt die Bibel beredtes Zeugnis. Wir finden dies in Richter 7, wo Gott die Kampffähigen so lange selektiert, bis von 32 000 nur noch 300 zugelassen werden. Auch Sacharja 4,6 sagt: »Nicht durch Macht und nicht durch Kraft, sondern durch meinen Geist! – spricht Jahwe, Herr der Heerscharen« (wörtliche Übersetzung). Was in den Augen von Menschen stark, vorzeigbar und beeindruckend ist, ist häufig von Gott verworfen. Er baut sein Reich vielmehr mit den Schwachen, Hilflosen, Verachteten, die nach Meinung anderer untauglich sind und die sich selbst nicht viel zutrauen; was sie aber auszeichnet, ist: Sie setzen ihre Hoffnung ganz auf ihn. Das Scheitern unserer eigenen Möglichkeiten ist oft die Voraussetzung dafür, dass Gott zum Zuge kommen kann. Schon mancher hat erst über Erfahrungen extremer Not zu einem persönlichen Glauben gefunden.

Für Gott (Jahwe) gibt es kein Hindernis! Er kann auch in den verfahrensten Situationen retten und befreien. So steht im hebräischen Text nicht das Wort »helfen«, wie die meisten Bibelübersetzungen es wiedergeben, sondern »retten«. »Retten« setzt eine stärkere Bedrohung, eine Ausweglosigkeit voraus. Hier liegt nicht etwa ein begrenzter Mangel vor, dem Gott abhilft, sondern es geht um die Befreiung aus einer existenzvernichtenden Gefahr.

In allen Situationen, bei denen es eines mächtigen Retters bedarf, dürfen wir uns an den lebendigen Gott wenden. Den Gläubigen des Alten Bundes war er so vertraut, dass sie ihn mit seinem persönlichen Namen Jahwe anredeten. Die wirkungslosen – Götter der Nachbarvölker (Dagon, Baal, Aschera usw.) hatten Namen, und es war selbstverständlich, dass das erwählte Volk Israel seinen Gott ebenfalls mit Namen anreden durfte. Dieser Gott – Jahwe – hatte sich seinem Volk durch viele Machttaten als Retter in äußerster Not erwiesen.

Gott handelt heute noch genauso, und wir dürfen unsere ganze Hoffnung auf ihn setzen. Um seinen geliebten Kindern zu helfen, räumt er alle Hindernisse aus dem Weg. Er macht den Weg frei und lässt Segensströme vom Himmel fließen.

Gott ist Retter und Erlöser. Dies wird daran deutlich, dass er seinen Sohn auf die Erde sandte. Der Auftrag Jesu ist ein Rettungsauftrag. Matthäus 1, 21:»… du sollst seinen Namen Jesus nennen; denn er wird sein Volk retten von ihren Sünden.« Jesus (hebräisch: Jeschua) bedeutet »Retter«. Seine endgültige, allumfassende Aufgabe, uns aus der Macht der Sünde zu befreien, ist präfiguriert in den vielen Erweisungen göttlicher Befreiung, die uns die Schriften des Alten Bundes schildern.

Immer und immer wieder wird es in der Bibel deutlich: Gott hilft seinen Kindern gerne! Er möchte nicht, dass sie zugrunde gehen. »Da sie zu Jahwe schrien in ihrer Bedrängnis, errettete er sie aus ihren Drangsalen« (Psalm 107, 13.19; wörtliche Übersetzung).

In der hebräischen Bibel wird der persönliche Gottesname (Jahwe) sehr häufig gebraucht. Aus Ehrfurcht vor seiner Heiligkeit und um auch den versehentlichen Missbrauch dieses höchsten Namens auszuschließen (2. Mose 20,7; 5. Mose 5,11), wurde er in späterer Zeit nicht mehr ausgesprochen. Stattdessen sagte man »HERR« oder »Ewiger« oder »Ha-Schem« (= der Name). Martin Buber gibt in seiner Bibelübersetzung diesen einzigartigen Namen mit einem ehrfürchtigen »ER« wieder.

Bis zur heutigen Zeit wird es vermieden, den heiligen Namen Gottes auszusprechen.

45.

»... denn du hast eine kleine Kraft ...«
Offenbarung 3, 8

Das größte Wirken Gottes geschieht meist dort, wo es kaum menschliche Hilfe gibt. Wo alles versagt und keine Hoffnung mehr bleibt, da ist Gottes Hilfe besonders nah.

Gott will seine Ehre keinem anderen lassen. Deshalb wirkt er bevorzugt durch Menschen, die schwach sind, und in Situationen, bei denen die üblichen Voraussetzungen für ein Gelingen fehlen. Gideon durfte erst dann in den Kampf gegen die übermächtigen Midianiter ziehen, als von den 32 000 Kämpfern Israels nur noch 300 übrig geblieben waren. Aufgrund ihrer verschwindenden Minderheit war ein Sieg mit militärischen Mitteln ausgeschlossen. Da menschliches Gelingen unmöglich war, wurde ihnen ein gewaltiger Sieg geschenkt, weil sie in kindlichem Glauben und Gehorsam das taten, was ihnen verordnet war (Richter 7). – Der Sieg über die ebenfalls übermächtigen Ammoniter und Moabiter wurde nicht militärisch, sondern geistlich eingeleitet: durch Loben und Danken. Man stellte die geistlichen Strategien über die militärischen: da es nicht nur um die Bezwingung einer Armee, sondern um die Überwindung gottfeindlicher Mächte ging, wurden Chöre bestellt, die aus vollem Herzen und mit lauter Stimme Gott priesen und ihm dankten (2. Chronik 20, 20-22). Hierauf wandte Gott die Situation, und die Feinde konnten bezwungen werden. Wir wissen, dass auch der Apostel Paulus schwach und geplagt war; er war so sehr auf die Gnade Gottes angewiesen, dass er sogar seiner Schwachheit einen positiven Aspekt abgewinnen konnte, weil ihretwegen die Kraft Christi in ihm wohnte (2. Korinther 12, 9).

Die Gemeinde in Philadelphia (Offenbarung 3) hat nur eine kleine Kraft. Sie hat viel weniger Möglichkeiten für große Gemeindeprogramme, Evangelisationsfeldzüge usw., als es bei anderen Gemeinden der Fall ist. Gott hat ihr aber eine offene Tür gegeben – und die Gläubigen haben das Wort Jesu treu bewahrt und seinen Namen nicht verleugnet. Was in ihren geringen Möglichkeiten steht, tun sie – in Liebe und Hingabe an ihren Erlöser.

Die geringe, kleine Kraft, die Sie, lieber Leser, haben, ist für Gott kein Hindernis, sondern eher noch eine Voraussetzung für sein mächtiges, siegreiches Handeln. Vergleichen Sie sich nicht mit anderen, die stärker, gesünder oder begabter sind als Sie! Denken Sie nicht, andere seien für den Dienst Jesu besser geeignet! Sie sind es, den der Herr ruft! Jesus hat sich immer schon Schwache, Mutlose, Verzweifelte ausgesucht. Solche hat er in seine Nachfolge gerufen und sie als seine Jünger ausgesandt. Wenn Gott Sie zu einem Dienst ruft, müssen Sie nicht selbst die Kraft hierfür mitbringen, sondern sie wird Ihnen gegeben werden. So seien Sie zuversichtlich, und öffnen Sie sich ganz für Gottes Ruf, der an Sie ergeht.

46.

»Meine Speise ist die, dass ich tue
den Willen dessen, der mich gesandt
hat, und vollende sein Werk.«

Johannes 4, 34

Ohne Nahrung kann niemand leben. Sie
führt Energie zu und behebt die Mangelzu-
stände, die durch die Funktionen des Orga-
nismus entstehen.

Die Speisen, die unser Leib benötigt, hän-
gen mit unserem Alter und unserem
Gesundheitszustand zusammen. Auch der
Appetit, also das innere Verlangen, spielt
eine Rolle dabei, ob wir von bestimmten
Speisen viel oder wenig zu uns nehmen
möchten.

Wir essen nicht nur, um zu überleben;
hierfür würde auch eine unansehnliche
Nahrung ausreichen, die nur nach er-
nährungswissenschaftlichen Gesichtspunk-
ten zusammengestellt wäre (Astronauten-
kost).

Was wir essen und wie wir essen, hängt mit
unserer Kultur zusammen. In der Esskultur

spiegelt sich ein Teil unserer Geistesgeschichte wider. Auch religiöse Überzeugungen können im Zusammenhang mit Speisen ihren Niederschlag finden.

Essen ist häufig ein Gemeinschaftsakt. Es ist ein gewaltiger Unterschied, ob man in erhabener Runde an einem Bankett teilnimmt – oder ob man sich in einem Fastfood-Restaurant ein Sandwich zuführt. Zur Esskultur gehören genügend Zeit, gehobene Unterhaltung und Unbeschwertheit.

Jesus spricht von einer ganz besonderen Speise. Er bezog seine Lebenskraft dadurch, dass er sich ausschließlich dem Willen Gottes verschrieben hatte. Dieser hatte ihn mit einem Erlösungsauftrag betraut. Er sollte Kranke heilen, Gefangene befreien, Sünder zur Buße und Vergebung führen – kurz: den Menschen mit Gott versöhnen. Mit Jesus ist das Himmelreich so nahe gekommen wie nie zuvor.

Die Kraft, die Jesus für seinen Dienst benötigte, bezog er durch den ständigen Umgang mit seinem himmlischen Vater. Der völlige Gehorsam war ihm eine Quelle großer Freude. Jesus meinte nicht, etwas zu versäumen, wenn er Gott gehorchte! Von gläubigen Menschen ist bekannt, dass sie manches »aus Gehorsam« tun – nicht aus Überzeugung oder mit Begeisterung. Obwohl sie das Richtige tun, fehlt dabei eine entscheidende Komponente: die völlige Hingabe. An ihr lässt sich die Innigkeit der Gottesbeziehung ablesen. Wer in dem Bewusstsein gehorcht, dass er auf etwas verzichtet, was er eigentlich lieber tun wollte, bekommt zwar auch seinen Segen, denn er befindet sich auf einem guten Weg. Aber im Herzen ist er ein Stück weit entfernt von Gott.

Jesus als Gottes Sohn war völlig eins mit seinem Vater – im Wollen und Tun und in allen Gefühlen. So bestand ein völliger Gleichklang.

Dieses Einssein mit Gott war die Speise Jesu. Hieraus ernährte er sich.

Nur so war es ihm möglich, Gottes Werk zu tun. Durch Jesus ist das Werk der Erlösung vollendet, Gottes Plan mit der Menschheit kommt zum Abschluss. Was künftig geschieht, steht immer im Zusammenhang mit Jesus Christus: Missionierung der Völker, Wachstum der Gemeinde, Wiederkunft Christi, Tausendjährige Königsherrschaft. Jesus sitzt zur Rechten des Vaters und regiert mit ihm. »Deinen Willen zu tun,

mein Gott, verlangt mich – und deine
Weisung ist tief in meinem Inneren« (Psalm
40, 9).

47.

»Und alsdann werden sie den Menschensohn kommen sehen in einer Wolke mit großer Kraft und Herrlichkeit.«

Lukas 21,27

In den Evangelien bezeichnet Jesus sich häufig als »Menschensohn«. Er bringt damit zum Ausdruck, dass er derjenige ist, von dem in Daniel 7, 13-14 geschrieben steht. Vor ihm wird kein Reich, keine Gewalt, keine Herrschaft Bestand haben, sondern alle werden sich vor ihm beugen und ihn als Herrn anerkennen müssen (Phil. 2, 10-11). Daniel 7 macht deutlich, dass Jesus durch Gott als Herrscher über alle Völker und über die Menschen unterschiedlichster Herkunft eingesetzt ist. Das Reich, das Jesus von Gott übertragen bekommt, ist ewig und hat kein Ende.

Der Begriff »Wolke« ist in der Bibel häufig ein Bild für Gottes Nähe. Das Volk Israel wurde bei seiner Wüstenwanderung durch eine Wolkensäule bei Tag und durch eine

Feuersäule bei Nacht geführt (2. Mose 13, 21). Die Herrlichkeit Gottes erschien in einer Wolke (2. Mose 16, 10). Gott kam zu Mose in einer dichten Wolke (2. Mose 19, 9). Die Wolke mit der Herrlichkeit Gottes erfüllte den Tempel (1. Könige 8, 10-11; 2. Chronik 5, 13-14). Bei der Verklärung Jesu wurden die drei Jünger von einer dichten Wolke überschattet, aus der Gott redete (Matthäus 17, 5). Paulus sagt, dass wir alle auf Mose getauft sind durch die Wolke und durch das Meer (1. Korinther 10, 2). Bei der Himmelfahrt wurde Jesus von einer Wolke aufgenommen (Apostelgeschichte 1, 9). Die Gläubigen werden entrückt werden in Wolken zur Begegnung mit Jesus (1. Thessalonicher 4, 17).

Die Wolke bedeutet Anwesenheit und Abgrenzung. Sie ist nicht starr und kann sich verflüchtigen, ohne dass sich Teile von ihr fassen und aufbewahren ließen. Sie enthält – und verbirgt. Sie nimmt auf und verwehrt das Erblicken ihres Inhalts. Verborgen durch eine Wolke ist die Nähe Gottes für den Menschen erträglich. Gott teilt sich in ihr mit. Er kommt uns nahe, ist aber zugleich für uns unnahbar und unverfügbar.

Er ist der lebendige Gott, der in Jesus mitten unter uns weilt, seine Anwesenheit lässt sich nicht »konservieren«, sondern Gottes Nähe muss stets neu gesucht und erbeten sein. Gott kommt oft überraschend, um zu Menschen zu reden und sie zu trösten. Seine spürbare Anwesenheit kann aber genauso unvermittelt enteilen, wie es der Gottesbote bei Gideon tat (Richter 6, 21). Gottes Herrlichkeit tut sich uns auf – aber mit irdischem Zugriff können wir sie nicht festhalten. Doch in unserem Herzen und unserer Gesinnung hinterlässt sie eine bleibende Veränderung.

Jesus sagt: »Ich habe ihnen die Herrlichkeit gegeben, die du mir gegeben hast, ... ich in ihnen und du in mir ...« (Johannes 17, 22-23). Jesus gibt uns die Herrlichkeit schon hier auf Erden! Sie führt zur Einheit in ihm. Beugen wir schon jetzt aus frohem Herzen vor Jesus die Knie (Philipper 2, 10), so wird es uns einst vor seinem Thron leicht fallen. Ich wünsche Ihnen, dass Sie wie der Apostel Petrus aus eigener Erfahrung bezeugen können: »Wir haben seine Herrlichkeit selber gesehen« (2. Petrus 1, 16).

48.

Aus Kleinem wird Großes werden!
»Ich will meinen Knecht Zämach kommen lassen.«

Sacharja 3, 8

Gott verheißt, dass sein Knecht kommt. Dessen Name ist Zämach, was »Spross« bedeutet. Dies drückt aus, dass er wie ein Jungtrieb aufsprießen wird; aus etwas anfänglich Kleinem wird etwas Großes werden. Bei Gott fängt vieles klein und unscheinbar an, was nachher gewaltig ist und viel Frucht bringt. Gottes Werk wächst nach dem Senfkorn-Prinzip und ist nicht aufzuhalten. Sacharja 6, 12 sagt, dass dieser Mann namens Zämach den Tempel des Herrn bauen wird; unter seinem Einfluss wird alles sprossen – es wird Gelingen und Gedeihen geben. Zämach, der Spross Gottes, verkörpert die Botschaft: »Der Anfang ist gemacht; durch Gottes Kraft wird etwas Großes daraus werden.«

Im Zusammenhang mit dem Gottesknecht Zämach geht es bei Sacharja hauptsächlich um sein wunderbares Aufsprießen, die Frucht seines Dienstes und den Bau des Tempels, in dem er selber sitzen und herrschen wird. Es ist klar, dass hiermit der Messias gemeint ist. Über den irdischen Dienst und die zukünftige Herrschaft des Gottesknechtes Jesus erfahren wir bei Jesaja noch mehr: das geknickte Rohr wird er nicht zerbrechen und den glimmenden Docht nicht auslöschen (Jesaja 42, 1-4), d. h. er ist gekommen, um den Schwachen, Gefährdeten, Hoffnungslosen, vom Tod Bedrohten zu helfen und sie zu erretten. Auch kommt er als der Allerverachtetste, der nur deswegen voller Schmerzen und voller Krankheit ist, weil er sie uns abgenommen hat und sie an unserer Stelle trägt. Die Strafe für unsere Sünde liegt auf ihm. Als Folge seines Überwindens und seiner Herrschaft hat er die Starken zum Raube (Jesaja 52, 13 – 53,12).

Auch andere Bibelstellen handeln von Zämach, dem Spross.

»An jenem Tag wird es einen Spross Jahwes geben zur Zierde und Ehre …« (Jesaja 4, 2). In den darauf folgenden Versen wird deutlich, dass Gott Rettung und Reinigung schafft und dass er für eine sichere Zuflucht sorgt.

Seinen Volksgenossen sagte Jesus: »Brecht diesen Tempel ab, und in drei Tagen will ich ihn aufrichten … Er aber redete von dem Tempel seines Leibes« (Johannes 2, 19-21; auch Matthäus 26, 61 u. Markus 14, 58). Jesus stieß damit auf Unverständnis. Alle waren auf die Erhabenheit des steinernen Gebäudes fixiert, dessen Bedeutung nicht wegzudenken war. (Vier Jahrzehnte später wurde der Tempel zerstört und ist bis heute nicht wieder aufgebaut worden.) Sie konnten nicht verstehen, dass Jesus ihren Blick weglenken wollte vom Überkommenen und sie bereit machen wollte für die Dynamik des Reiches Gottes, für Gottes Geist, der ein Neues schafft und der weht, wo er will (Johannes 3, 8).

Alle äußeren religiösen Fixpunkte, an denen wir uns orientieren, sind vergänglich. Wir sollten sie deshalb nicht überbewerten. Nicht Überlieferungen, Kirchengesetze oder Gemeinderegeln sind unser Erkennungszeichen. Sie bieten zwar Strukturen, schaffen aber kein Leben. Nur durch eine persönliche Beziehung zu Jesus bekommen wir ein friedvolles Herz und ewiges Leben. Er ist derjenige, der in den Schriften des Alten Bundes mehrfach als Knecht Gottes angekündigt ist und auf dessen baldige Wiederkunft die Gläubigen warten. Durch eine persönliche Glaubensbeziehung zu Jesus ist unser Leben einbezogen in den Strom göttlichen Lebens.

»Wir haben einen sicheren und festen Anker unserer Seele, der hineinreicht bis in das Innere hinter dem Vorhang. Dahinein ist als Vorläufer für uns gegangen Jesus, der ein Hoherpriester geworden ist in Ewigkeit nach der Ordnung Melchisedeks« (Hebräer 6, 19.20).

49.

»Der Herr, Jahwe, hat mir das Ohr geöffnet; und ich habe mich nicht gesträubt und bin nicht gewichen.«

Jesaja 50, 5

Sobald Gott unser inneres Ohr geöffnet und zu uns geredet hat, gibt es keine Ausrede mehr. Man kann dann nicht sagen, man habe keinen Ruf vernommen. Sicher ist an manche ein Ruf ergangen, durch den sie sich überfordert fühlten (Jeremia fühlte sich zu jung; Mose war unbeholfen im Reden); doch ist dies kein Grund, vor Gott zu fliehen wie Jona. Wenn Gott jemanden in seinen Dienst ruft, dann appelliert er nicht an unsere eigenen Fähigkeiten (die ja meist gering sind), sondern an unsere Hingabe und unseren Glauben. Wir müssen nichts mitbringen als die Bereitschaft, uns als Werkzeuge gebrauchen zu lassen, die von mächtiger, höherer Hand gelenkt werden. Die Frucht, die hieraus entsteht, dient dann auch allein zur Ehre Gottes. Selbstprofilierung eines Dieners Gottes ist höchst unwillkommen, da hierdurch die Ehre des himmlischen Auftraggebers geschmälert wird.

Der Begriff »Gehorsam« hängt mit »horchen«, »hören« zusammen; auch im Hebräischen ist das so. Die Bibel setzt voraus, dass aus dem Hören ein Befolgen wird. Deswegen sind die Begriffe »hören« und »gehorchen« im Hebräischen identisch. Die Botschaft zu vernehmen, ihr aber keine Folge zu leisten, gehört mit zu dem schlimmsten Abfall von Gott. Ungehorsam ist Rebellion gegen Gott. Auch Ungeduld und Voreiligkeit machen deutlich, dass einem am Willen Gottes nicht viel gelegen ist, sondern dass man viel lieber nach dem eigenen menschlichen oder religiösen Plan verfahren möchte. Deswegen ist Ungehorsam so schlimm wie Zauberei – und Eigenwille ist in seiner Wurzel und seiner Konsequenz gleichbedeutend mit Abgötterei und Götzendienst (1. Samuel 15, 22.23). Durch den Ungehorsam gegen Gott begibt man sich in den Bereich des Okkultismus; der hinter dem Ungehorsam steckende Eigenwille macht deutlich, dass Gott entthront ist. Nicht Gott hat das Sagen, sondern der

Mensch bzw. die Mächte, die den gottfernen Menschen beeinflussen.

Der heilige und lebendige Gott wird zur Seite geschoben, und an seine Stelle tritt der Mensch. Um die eigenen Vorstellungen zu begründen, beruft er sich auf zwingende Umstände, Verpflichtungen gegenüber religiösen Traditionen u.ä.

Unser Ohr, das von Gott – für sein Wort – geöffnet ist, muss auf ein Herz treffen, das sich danach sehnt, seinen Willen gerne zu tun, ohne ihn nach unseren Vorstellungen zu verfälschen. In der Heiligung werden wir frei von anderen Einflüssen und können so allein dem Gott dienen, der uns unaussprechlich liebt. Durch steten Umgang mit ihm üben wir uns darin, seine Stimme zu erkennen; so sind wir gerüstet, sie von falschen Stimmen zu unterscheiden, die aus unserer Seele oder von außen her kommen und uns auf einen Irrweg leiten wollen.

»Meine Schafe hören meine Stimme ...«, sagt Jesus in Johannes 10, 27. Die Stimme des guten Hirten leitet uns auf sicherem Weg und bewahrt uns vor dem Abgrund. Wer ihm nachfolgt, befindet sich auf dem Weg des Lebens.

50.

»Die Wankenden gürten sich mit Stärke«

1. Samuel 2, 4b (wörtliche Übersetzung)

Die Menschen sind fasziniert von den Starken, den Einflussreichen, den Wohlhabenden, den Schönen usw. Man sieht in ihnen und in ihrem Status ein erstrebenswertes Ideal.

Die Schwachen, Hilflosen, Entstellten und Minderbemittelten werden ausgegrenzt. Der Umgang mit ihnen erscheint ähnlich verhängnisvoll wie der mit Pestkranken. So will man sich feien gegen eine eventuelle Übertragung der ihnen anhaftenden negativen Eigenschaften. Sucht man stattdessen die Nähe der Mächtigen, Reichen und Schönen, wähnt man sich auf der Sonnenseite des Lebens.

Die Wertmaßstäbe der Bibel sind aber anders. »Was schwach ist vor der Welt, das hat Gott erwählt …« (1. Korinther 1, 27). Das, was jeder meidet, ist angenehm bei Gott. Menschen, die wir für gesellschaftlich inakzeptabel und für gering im Wert halten, können Gott näher sein als wir selbst. »Nicht viele Weise nach dem Fleisch, nicht viele Mächtige, nicht viele Angesehene sind berufen …« (1. Korinther 1, 26). Durch überhebliche Klugheit und demonstrative Gottesablehnung macht der Mensch sich selbst zum Maßstab aller Dinge. Er stößt Gott von seinem Thron und ersetzt ihn durch das Ego. In seiner Selbst-Vergöttlichung legt er die Regeln fest, nach denen er sich dann verhalten will. All das ist Gott ein Gräuel.

Gott sucht stattdessen nach schwachen Menschen, die aus eigener Kraft nicht weiterkommen. »Die Gesunden bedürfen des Arztes nicht, sondern die Kranken« (Matthäus 9, 12). Ihnen bietet er seine Gnade an, die es ihnen ermöglicht, das Leben zu meistern. »Meine Gnade reicht aus für dich« (2. Korinther 12, 9). Bleiben wir im Stand der Gnade, dann wird Gottes Kraft unsere Unzulänglichkeit ausfüllen. Wir brauchen nicht mehr unter unserem Mangel zu leiden. Auch benötigen wir keine demonstrative Selbstdarstellung oder Selbstbeweihräucherung. Vielmehr können wir bescheiden bleiben und alle Ehre Gott geben, der in uns lebt und der sein Reich durch uns schwache Menschen baut. »Wir haben diesen Schatz in irdenen (d. h. zerbrechlichen) Gefäßen, damit die überschwängliche Kraft von Gott sei und nicht von uns« (2. Korinther 4, 7).

Das Loblied der Hanna (1. Samuel 2) besingt, wie Gott Segen und Gelingen all denen gibt, die um ihre völlige Abhängigkeit von ihm wissen. Es macht auch deutlich, dass Gott alle zurechtweisen wird, die sich gegen ihn und gegen die Schwachen, die er beschützt, richten. Letztlich zählt bei Gott nur der Schwache, der um seine Armut weiß und das Geschenk der Gnade annimmt. Wer wankt und erschöpft ist, kann sich umgürten mit der Stärke, die Gott ihm darreicht. Diese Stärke trägt uns durch. Sie verlässt uns nicht. Da sie nicht aus uns selbst kommt, ist sie unserer eigenen Beschränktheit und Verfügbarkeit entzogen. Von Gott kommt sie uns zu; sie wird uns als Geschenk zuteil, großzügig und überfließend.

So können Schwache dann Folgendes bekennen: »Wir überwinden weit durch den, der uns geliebt hat, Jesus Christus« (Römer 8, 37).

51.

»... wir rühmen uns auch der Bedrängnisse, weil wir wissen, dass Bedrängnis Geduld bringt.«

Römer 5, 3

»Seid fröhlich in Hoffnung, geduldig in Bedrängnis, beharrlich im Gebet!«

Römer 12, 12

Das griechische Wort »thlipsis« bedeutet: Bedrängnis, Drangsal, Not, Trübsal. Es meint den inneren oder äußeren starken Druck, unter dem ein Mensch steht. Hieraus muss nicht unbedingt Verzweiflung folgen. Vielmehr kann es zu vermehrter innerer Festigkeit und einem Wachstum im Glauben kommen. So unangenehm die Bedrängnis für den »alten« Menschen auch ist, so segensreich kann doch die daraus resultierende Frucht sein, siehe Römer 5: Bedrängnis führt zu standhaftem Ausharren (wird auch als Geduld bezeichnet), eben dieses Ausharren führt zur Bewährung (Stabilität), hieraus folgert die Hoffnung (vgl. Hebräer 11, 1: ein festes, sicheres Wissen); diese wiederum führt nicht zur Enttäuschung!

»Gelobt sei, was hart macht!«, ist ein alter markiger Spruch. Meist reden diejenigen so, die nicht selbst gerade durch den Härtetest gehen müssen. So salopp diese Worte auch klingen, sie enthalten einen wahren Kern: was nur angenehm, »kuschelweich«, lustbetont ist, fördert nicht die Entwicklung des Menschen. Was ihm aber Prüfungen auferlegt, Verzicht und Einschränkungen abverlangt, ist seiner sozialen und geistlichen Tauglichkeit viel zuträglicher. Arbeit am Charakter, Selbstdisziplin und ähnliche Begriffe werden heute gemieden, da sie nicht dem Zeitgeist entsprechen. Reben und Obstbäume müssen regelmäßig beschnitten werden, um reichen Ertrag zu bringen. Die Reduzierung von Holz und Blättern geht mit der Maximierung der Frucht einher (Johannes 15). Beim Menschen ist ein solcher Schnitt ebenfalls vonnöten, damit er Frucht bringen kann.

Es erstaunt immer wieder, wie oft in der Seelsorge oder in Therapien darauf abgehoben wird, dass »Lust« gesucht und Unlust vermieden werden soll. Diese hedonistische Betrachtungsweise hat im biblischen Denken keinen Platz. Auch wenn man nicht deutlich genug hervorheben kann, dass alle Gaben, die Gott gibt, zur Entfaltung kommen sollen und dass wir uns an der Schönheit des Lebens freuen dürfen, so gehören die unangenehmen, notvollen Zeiten dennoch zum Leben dazu. Gerade sie sind es, die die eigentlichen Korrekturen bewirken und uns zum Umdenken zwingen. Paulus spricht in Philipper 1, 29 von einer doppelten Gnade, die uns gegeben ist: 1. wir dürfen an Christus glauben, 2. wir dürfen um seinetwillen (d. h. mit ihm) leiden! Niemand stört sich daran, dass ihm der Glaube geschenkt wird; aber dass auf der Kehrseite derselben Münze das Leiden steht, will kaum jemand wahrhaben. Und dennoch war Leiden von jeher ein Bestandteil des christlichen Lebens. Petrus spricht von einem Leiden nach dem Willen Gottes (1. Petrus 4, 19).

Gottes liebendes Handeln mit uns hat einen erzieherischen Aspekt! Bedrängnis und Leiden müssen keine Strafe sein! Durch notvolle Zeiten wird die bisherige Geläufigkeit und Selbstverständlichkeit unseres Lebens in Frage gestellt, und wir sind aufgefordert, uns noch mehr an Jesus Christus zu halten und uns – im Leiden – Gott, dem treuen Schöpfer (1. Petrus 4, 19), anzubefehlen.

Niemand möge verzweifeln, wenn das Leiden lange währt und nicht enden will. Gott will uns nicht zerstören. Aus Gottes erzieherischem Handeln folgert, dass er uns liebt und annimmt (Hebräer 12, 6). Gerade weil er uns liebt, arbeitet er an uns, um uns seinem Ziel näher zu bringen.

Jesus sagt: »Dies habe ich zu euch geredet, dass ihr in mir Frieden habt. In der Welt habt ihr Bedrängnis; doch seid getrost: ich habe die Welt überwunden!« (Johannes 16, 33). Bei aller Bedrängnis, in der wir stehen mögen, verheißt Jesus: In mir habt ihr Frieden!

52.

»... ein Sohn ist uns gegeben ...«
Jesaja 9, 5

Die Aussagen über den Messias sowie über seinen Auftrag enthalten die Feststellung: »... ein Sohn ist uns gegeben ...«. Dies klingt banal und nebensächlich. Doch kommt dieser Aussage eine große Bedeutung zu: der Gesandte Gottes, der die Friedensherrschaft aufrichten wird, ist ein Sohn, ja sein eigener Sohn, wie uns das Neue Testament berichtet. Das Sohn-Sein meint nicht nur die Herkunft, sondern auch die Beauftragung. Der Sohn handelt im Auftrag des Vaters. Er steht dem Vater näher als alle Knechte; in sich trägt er die Eigenschaften des Vaters. So tritt er auf im Namen des himmlischen Vaters und in dessen Vollmacht.

Gottes Sohn ist zugleich der Menschensohn, von dem Daniel 7, 13 f. spricht: »... mit den Wolken des Himmels kam einer wie ein Menschensohn ... Und ihm ward gegeben Macht und Ehre und Königtum, und alle Völker, Nationen und Zungen dienen ihm. Seine Herrschaft ist eine ewige Herrschaft, die nicht vergeht, und sein Königtum unzerstörbar.« (Siehe auch Lukas 21, 27.)

Der Sohn Gottes kam in menschlicher Gestalt (Johannes 1, 14; Philipper 2, 6.7). So wurde er wie wir. Gott überbrückte damit den Abstand zwischen ihm und uns, zwischen dem Himmel und der Erde. Vergänglichkeit und Unvergänglichkeit, sichtbare und unsichtbare Welt, Gott und Mensch finden in Jesus ihre gemeinsame Repräsentanz. In ihm vereinen sich menschliche Eigenschaften und Gottes Wesen. Eine noch größere Nähe Gottes zu uns – ein noch direkteres Angesprochenwerden als im Sohn kann es nicht geben. Deswegen sagt die Schrift: »Wer den Sohn hat, der hat das Leben; wer den Sohn Gottes nicht hat, der hat das Leben nicht« (1. Johannes 5, 12).

Jesus ist aber auch ein »Sohn Davids« (Matthäus 9, 27; 21, 9; Römer 1, 3). David zählt zu seinen Vorfahren (Matthäus 1, 1). Gottes Zusage an Maria lautet: »Er (Jesus) wird groß sein und Sohn des Höchsten genannt werden; und Gott der Herr wird ihm den

Thron seines Vaters David geben.« (Lukas 1, 32). Prof. Adolf Schlatter schreibt zu dieser Stelle: »Einst machte Gott David zum König Israels, dass er mit göttlichem Recht und göttlicher Hilfe das Haus Jakobs regiere ... Dieser Thron war nun leer; einen Herrscher, der es im Namen Gottes und mit dem Segen Gottes zu regieren vermochte, hatte das Volk nicht mehr. Diesen leeren Thron wird Gott Jesus geben. In ihm erhält Israel den, durch den Gott in königlicher Macht regiert, und seine Herrschaft hat ewigen Bestand. Unter seiner Führung wird die Gemeinde bleiben und in keines anderen Hand übergehen.« (»Erläuterungen zum Neuen Testament«, Band I)

Der Engel Gabriel verkündigte Maria: »Siehe, du wirst schwanger werden und einen Sohn gebären, und du sollst ihm den Namen Jesus geben. Der wird groß sein und Sohn des Höchsten genannt werden; und Gott der Herr wird ihm den Thron seines Vaters David geben, und er wird König sein über das Haus Jakob in Ewigkeit, und sein Reich wird kein Ende haben« (Lukas 1, 31-33).

»Auch Mose zwar ist treu gewesen in seinem ganzen Haus als Diener ..., Christus aber als

Sohn über sein eigenes Haus. Sein Haus sind wir …« (Hebräer 3, 6).

Als Gläubige sind wir der Leib Jesu oder – anders ausgedrückt: sein Haus. Uns bewohnt er. Er gestaltet uns durch den Heiligen Geist. Deswegen nennt uns die Bibel »lebendige Steine«, die sich zu einem »geistlichen Haus« aufbauen lassen (1. Petrus 2, 5).

Durch den Sohn Gottes haben wir Zugang zum Vater. Einen anderen Weg gibt es nicht. »Ich bin der Weg, die Wahrheit und das Leben; niemand kommt zum Vater als durch mich«, sagt Jesus (Johannes 14, 6). Angesichts dieser Tatsache gewinnt die Entscheidung, Jesus, den Sohn Gottes, aufzunehmen und ihm nachzufolgen, eine enorme Bedeutung.

53.

Sieh, all das wirkt Gott zwei-, dreimal bei einem Mann, um seine Seele
von der Grube umkehren zu lassen,
um erleuchtet zu werden im Licht
der Lebendigen.

Hiob 33, 29-30 (wörtliche Übersetzung)

Angesichts der Tragödien in Hiobs Leben
und der gewaltigen Anfechtungen, durch
die er gehen muss, liegt für seinen gottesfürchtigen Freund Elihu der Schluss nahe,
dass an Hiobs Gerechtigkeit etwas nicht
stimmen könne. Es passt nicht in sein theo-
logisches Verständnis, dass jemand grund-
los leiden muss. So bemüht sich Elihu, wie
schon zuvor die anderen Freunde, Hiob
zum Eingeständnis verborgener Schuld zu
bewegen, um endlich eine befriedigende
Erklärung für dessen großes Leid zu finden.
Wie wir aus dem Beginn des Hiobbuchs wissen, stehen die Prüfungen, durch die Hiob
gehen muss, in keinem Zusammenhang mit
irgendwelchen Sünden. Vielmehr bezeich-

net Gott ihn als den treuesten und gerechtesten Menschen auf Erden, an dem nichts auszusetzen sei. Dennoch wird dem Versucher gestattet, Hiob schwer zuzusetzen. Aus menschlicher Sicht ist dies unbegreiflich. Angesichts von Hiobs extremem Leid drängt sich einem theologisch geschulten Menschen der Gedanke an verborgene Sünden oder gar okkulte Belastungen auf. Die Gerechtigkeitsvorstellungen, die wir von Gott entwickelt haben, erfordern es geradezu, solche schweren Lebensführungen in einen kausalen Zusammenhang mit sündhaftem Wesen oder gar mit Anrechten des Satans zu bringen. Was Gott in Hiobs Leben zuließ, hatte allerdings keinen Strafcharakter, sondern diente Hiobs Läuterung. Ein weiteres Ziel war, vor der sichtbaren und der unsichtbaren Welt deutlich zu machen, wie sehr ein von Gott Ergriffener seinem himmlischen Herrn auch dann noch die Treue hält, wenn sein Leben einem Scherbenhaufen gleicht und er selbst keine Erklärung dafür hat.

Satan scheiterte an Hiob! Es gelang ihm nicht, ihn zur Preisgabe seines Glaubens zu bewegen, was sogar Hiobs Frau schon vorgeschlagen hatte. Auch in der größten Not, der ärgsten Anfechtung, dem schlimmsten Verlust, der Einsamkeit, dem Unverstandensein und in körperlichen Beschwerden hielt Hiob fest an seinem Gott! Welch ein Vorbild für uns!

Eine ähnlich reife Glaubensantwort begegnet uns in Psalm 73, 23-26, wo Asaph nach schwerer innerer Erschütterung ausruft: »Dennoch bleibe ich stets an dir ... Wenn ich nur dich habe, so frage ich nichts nach Himmel und Erde. Wenn mir gleich Leib und Seele verschmachtet, so bist du doch, Gott, allezeit meines Herzens Trost und mein Teil.« (Luther-Übersetzung)

Hiob wurde einer harten Prüfung unterzogen: auf seine Familie, auf die vielen sichtbaren Segnungen, auf das hohe Ansehen bei Menschen, auf die Wertschätzung seiner Freunde sollte Hiob verzichten lernen, um in der allergrößten Not und Einsamkeit dann nur noch an seinem Gott Halt zu finden, auch wenn er dessen Wege nicht zu verstehen vermochte.

Weil Gott so sehr an unserer Herzenshingabe gelegen ist, handelt er manchmal recht eindringlich an uns! Er sucht uns herauszulösen aus der Verstrickung der Welt und möchte uns hineinnehmen in die Gemein-

schaft der Leiden Christi (Philipper 3, 10).
In die Drangsalshitze genommen zu werden, gilt sogar als göttliche Auszeichnung
(1. Petrus 4, 12-14). In Philipper 1,29
spricht Paulus von einer doppelten Gnade,
die uns gegeben ist: 1. wir dürfen an Christus glauben, 2. wir dürfen für ihn leiden!!
Leiden als Erweis der Gnade! Wer will das
schon in einer so leidensscheuen Zeit?
Nicht nur im Sieg und in der Überwindung
haben wir Gemeinschaft mit unserem
Herrn, sondern auch im Leiden. Wie sollte
der den Sieg Jesu begreifen können, der
nicht durch Leidensnöte gegangen ist?! Der
Aufblick auf den Gekreuzigten und Auferstandenen, den Bezwinger der Sünde und
des Todes eröffnet eine neue Lebensperspektive. Jesus nimmt immer mehr Gestalt
in uns an, und wir werden ihm ähnlich
gemacht – durch die Gemeinschaft des Leidens und die Gemeinschaft seines Sieges.
Das Läuterungsfeuer der Not, die Gott
zulässt, dient dazu, das Edle, Wertvolle,
Dauerhafte in unser Bewusstsein zu rücken
(1. Korinther 3, 11-15) und uns von Tand,
Eitelkeit, Selbstgefälligkeit und Ruhmsucht
Abstand nehmen zu lassen.

»Doch redet Gott einmal, und beim zweiten Mal nimmt man es nicht wahr« (Hiob 33, 14; wörtliche Übersetzung).

Zu verschiedenen Zeiten des Lebens und auf jeweils unterschiedliche Weise greift Gott ins Leben von Menschen ein und zerschlägt, worauf eigener Ruhm sich gründen könnte. Hiob 33, 29-30 sagt, dass dies insgesamt zwei- oder dreimal geschehe. Gottes Handeln zielt darauf ab, uns vor dem Untergang zu bewahren und uns auf den Weg des Lebens zu geleiten – den Weg, der ihm gefällt und auf dem uns sein Licht leuchtet.

»Zur Erziehung hin bleibt geduldig!« (Hebräer 12, 7; wörtliche Übersetzung), d. h.: »Haltet aus bis zum Erziehungsziel!«. Der Erziehungsvorgang erstreckt sich über eine längere Zeitspanne und will viele Veränderungen in uns bewirken. Es ist wichtig, dass wir Gott nicht aus der Schule laufen und dabei Lektionen auslassen, die er für unsere Entwicklung vorgesehen hat!

54.

Jesus sagt: »Ich bin die Tür.«

Johannes 10, 7

Um in ein Anwesen oder Gebäude zu gelangen, ist ein bestimmter Zugang vorgesehen, den wir – je nach Aussehen und Beschaffenheit – als Tür, Tor, Öffnung, Pforte, Portal, Eingang, Einlass u. ä. bezeichnen. Zwischen Bereichen, die voneinander unterschieden und abgrenzt sind, gibt es eine Verbindung. Nicht immer steht sie allen zur Verfügung; vielmehr mag es Kriterien geben, die dem einen den Durchlass gewähren, während der andere ausgeschlossen bleibt. Wer ist befugt bzw. eingeladen, diesen Durchgang zu benutzen? Wer erhält Einlass und gelangt auf die andere Seite – in neue Räume geistlichen Lebens? Dem Aspekt der Abgrenzung steht der der Verbindung gegenüber: eine Tür kann verschlossen sein und jemanden aussperren oder sie kann offen sein und einladen, durch sie zu gehen, damit man dorthin kommt, wohin es ansonsten keinen Weg gibt.

So ist Jesus die einzige Tür, die zum ewigen Leben führt (Vers 9). Dass man »ein- und ausgeht«, bedeutet nicht etwa, man würde Jesus nur zeitweilig benötigen und könne sich dann – unbeschadet – wieder von ihm zurückziehen. Vielmehr wird damit ausgedrückt, dass derjenige, der die Liebe Gottes schmeckt, immer wieder hinausgeht, um die Unerlösten, Verzweifelten und Bedrückten anzusprechen und sie ebenfalls durch die befreiende Tür Jesus hindurch zu geleiten ins neue Leben, damit sie »Ruhe finden für ihre Seelen« (Matthäus 11, 29). So kommen sie dorthin, wo ihre ewige Bestimmung ist: zum Vaterherzen Gottes.

Während Jesus in Vers 9 die Tür für die Schafe ist, durch die sie gehen und Weide finden, ist er in Vers 7 die Tür zu den Schafen. Unter Umgehung von Jesus suchen Irrlehrer und falsche Propheten einen eigenen Zugang zur Herde, um die Gutgläubigen zu manipulieren und sie für ihre Zwecke zu missbrauchen. Solche Verführer sind »verdorbenen Sinnes und der Wahrheit beraubt und halten die Gottseligkeit für eine Erwerbsquelle« (1. Timotheus 6, 5).

Niemand darf geistliche Verantwortung für andere übernehmen, wenn seine Motive eigennützig oder unlauter sind. »Weidet die Herde Gottes ... nicht aus schnöder Gewinnsucht, sondern aus Zuneigung, nicht als Herrscher über die euch zugewiesenen Seelen, sondern werdet Vorbilder der Gemeinde!« (1. Petrus 5, 2.3).

Wenn wir Menschen erreichen wollen, dürfen wir uns nur der einen Tür bedienen, durch die wir selbst gegangen sind. Indem wir durch Jesus und mit Jesus zu ihnen kommen, bleibt er bei ihnen und wird sie segnen. Sie werden sich darin üben, diese einzige, wahre Tür zu benutzen, die zum Vater führt, um dort Heimat zu haben.

55.

»Dieser war Gottes Sohn!«

Matthäus 27, 54

Mit einem Mal war der Wachmannschaft am Kreuz Jesu samt ihrem Offizier klar geworden, um wen es sich hier handelte: um den Sohn des Höchsten. Sie selbst waren im Glauben an eine Vielzahl von römischen Göttern aufgewachsen; auf Grund ihrer wechselnden, berufsbedingten Einsatzgebiete lernten sie immer wieder andere Kulte und religiöse Gebräuche kennen. Solange jemand den Primat des römischen Staates und des Kaisers – auch in religiösen Dingen – anerkannte, konnte er jeder anderen Religion huldigen. Das römische Reich war tolerant. Die römischen Soldaten hatten sich während ihrer Dienstzeit in Judäa auch mit jüdischen Gebräuchen vertraut machen können. Ob sie deren Hintergründe wirklich verstanden, ist zweifelhaft. Wahrscheinlich tolerierten sie sie einfach, ohne zu wissen, worum es eigentlich ging.

Mit Jesus hatten sie so wenig anzufangen gewusst wie mit all den anderen jüdischen Bürgern, die sie schon gekreuzigt hatten. Die Umstände des Sterbens Jesu waren aber so eindrücklich, wie sie es noch nie erlebt hatten: von 12 bis 15 Uhr wurde es stockdunkel; erst mit dem Todeszeitpunkt Jesu endete die Dunkelheit. Das Sterben Jesu war begleitet von einem gewaltigen Erdbeben, das die Felsen sprengte. Gräber öffneten sich. Die vorher darin befindlichen verstorbenen Heiligen wurden lebendig und gingen in Jerusalem einher, wobei sie von vielen gesehen wurden (Matthäus 27, 45-53). So etwas hatte es noch nie zuvor gegeben.

Hier starb nicht ein gewöhnlicher Mensch, sondern jemand, dem die Mächte und Gewalten untertan waren. Kosmisches, irdisches und überirdisches Geschehen unterstrichen als Begleitumstände die Bedeutung dieses zentralen Ereignisses der Weltgeschichte: Jesu Leiden, sein Sterben und sein Sieg über den Tod.

Während von ferne viele Frauen, die Jesus treu nachgefolgt waren, das Geschehen verfolgten (V. 55 f.), waren die römischen Soldaten die unmittelbarsten Zeugen. Ihnen, die auf Grund ihrer Herkunft bisher mit dem jüdischen Glauben nichts hatten anfangen können, wurde nun schlagartig klar, dass bei einem solchen Ereignis, das die Grenzen von Verstand und Natur sprengte, die allerhöchste Macht des Universums am Werke war. In diesem Moment konnten sie nicht anders als aus unmittelbarem Erleben heraus zu bekräftigen, dass Jesus der Sohn Gottes war.

Sie verbanden damit keine dogmatische Begrifflichkeit. Eine solche bildete sich erst im Lauf der Kirchengeschichte heraus.

Gottes Sohn: das ist der von Gottes Geist gezeugte, zu den Menschen gesandte Erlöser für Israel und die ganze Welt. Die Mächte und die Gewalten des Himmels und der Erde sind ihm untertan. Er steht völlig im Einklang mit dem Willen seines himmlischen Vaters.

Sogenannte Heiden hatten oft den einfachsten Zugang zu Jesus. Sie hatten keine Mühe, ihn als den Sohn Gottes zu erkennen; denn durch religiöse Erziehung waren sie nicht »vorbelastet«. So konnten sie sich dem Messias, der ihnen in Liebe und Vollmacht begegnete, viel leichter öffnen als diejenigen, die auf Grund einseitigen theologischen Wissens bestimmte Vorstellungen hatten und sich dadurch selbst im Weg standen.

Bei solchen »Heiden«, die untrüglich wussten, dass sie den Bevollmächtigten des Höchsten vor sich hatten, konnte Jesus sagen: »Bei niemand in Israel habe ich so großen Glauben gefunden!« (Matthäus 8, 10).

An der Kraft Jesu, Menschen zu retten und ihr Leben zu erneuern, hat sich nichts geändert. »Jesus Christus ist gestern und heute noch derselbe und ist es auch in Ewigkeit.« (Hebräer 13, 8). Er lädt uns ein, ihn als den Herrn unseres Lebens anzunehmen und ihm nachzufolgen.

56.

David aber stärkte sich in dem Herrn, seinem Gott.

1. Samuel 30, 6

Kraftlosigkeit und Niedergeschlagenheit sind häufige Begleiter im Leben mancher Menschen. Harte Lebensführungen haben sie gebeugt und hindern sie daran, zuversichtlich durchs Leben zu gehen. Doch Niederlagen und Verluste müssen einen nicht bitter machen. Viele der herausragenden biblischen Personen hatten schwere Führungen; von einigen sind uns Äußerungen tiefsten Verwundetseins und der Resignation überliefert, beispielsweise von Jeremia. Die Erfahrungen, die sie vordem – in guten und schweren Zeiten – mit Gott gemacht hatten, ließen aber keinen Zweifel daran zu, dass er auch diesmal helfen und die Situation wenden werde. Im Rückgriff hierauf mahnten sie ihr gedemütigtes und verzagtes Herz zur Stille, und sie bemühten sich, ihren Blick auf den Herrn zu richten, von dem allein Hilfe kommen würde.

Ihre Gefühle tiefen Schmerzes ließen sie zu, verweilten aber nicht darin, sondern kämpften an gegen ein Abdriften in das Selbstmitleid.

Mehrfach in seinem Leben hatte König David schwere Prüfungen zu bestehen: Verfolgung durch Saul – er wurde durch seinen eigenen Sohn Absalom verjagt, Strafe wegen der Versündigung gegen Gott (Ehebruch und Anstiftung zum Mord; verbotene Volkszählung usw).

David hatte viel Erfahrung sammeln können, wie es ist, wenn man gedemütigt, verjagt und geschmäht wird – anders gesagt: wenn man von der Karriereleiter herunterstürzt. Er hatte gelernt, sich in allen Lebenslagen an Gott zu wenden; und sein höchstes Ziel war es, den Willen Gottes zu tun.

In 1. Samuel 30 wird berichtet, wie Feinde die Stadt Ziklag eingenommen und niedergebrannt hatten. Frauen und Kinder waren gefangen genommen worden, Hab und Gut wurden weggeführt. Auch David brach das Herz, als er von der Gefangennahme seiner Lieben erfuhr. Die feigen Räuber, die sich nur wegen der Abwesenheit der Männer stark genug fühlten, ihre Untat auszuführen, feierten ihren Sieg mittlerweile mit einem rauschenden Fest.

Die Freunde und Mitkämpfer Davids waren derart erschüttert, dass ihr Hass sich nicht nur gegen die Übeltäter richtete, die ihnen dieses Leid angetan hatten, sondern auch gegen David, ihren Dienstherrn, mit dem sie gerade unterwegs waren. Sie wandten sich gegen ihn und versuchten, ihn zu steinigen. Als in der unvorstellbaren Not, die sie alle überkommen hatte, nun die Zuneigung seiner Freunde in persönlichen Hass und in Tötungsabsicht umschlug, war David völlig auf sich allein gestellt. Er hatte keinen Menschen mehr, der zu ihm hielt.

Doch gerade in dieser Situation tat er, was er schon oft getan und was ihm stets geholfen hatte: »David stärkte sich in dem Herrn, seinem Gott.«

Er wandte sich zuallererst an den Höchsten, der Himmel und Erde erschaffen hat. Da David nicht eigenmächtig und auch nicht aus emotionaler Erregung handeln wollte, verschaffte er sich mit Hilfe des Priesters Abjathar Klarheit über den Willen Gottes. Als ihm der Wille Gottes kundgetan und der Sieg verheißen war, machte er sich auf den Weg, um die Gefangenen zu befreien und den Räubern die Beute abzujagen.

Wir alle können von David lernen: Die Not ist nicht der letzte, endgültige Zustand; vielmehr hat sie dienende Funktion. Sie soll bewirken, dass wir unser Vertrauen neu auf den Herrn setzen, dass wir uns ihm völlig ausliefern, um seinen Willen – und nichts anderes – zu tun. Ist unser Herz dann vor Gott demütig geworden und unser Wesen geheiligt, dann kann Gott die Not wegnehmen und Befreiung schenken.

57

»Du aber bleibe in dem, was du gelernt hast!«

2. Timotheus 3, 14

Bleibe! Wie oft erscheint dieses Wort in der Bibel! Wir lesen häufig darüber hinweg und eilen der nächsten Aussage zu. Dabei verpassen wir manche Chancen des inneren Wachstums. Gott sagt: »Halte inne! Denke daran, was dir gegeben ist!« Auf die Zukunft angewandt könnte man formulieren: »Verliere die Verheißung nicht aus den Augen!«

Bleibe! kann bedeuten: halte im Glauben aus und werde nicht nachlässig. Geh treu weiter, ohne dich verunsichern zu lassen durch widrige Umstände.

»Glaubt ihr nicht, so bleibt ihr nicht!« (Jesaja 7, 9), richtiger übersetzt: »Wenn ihr kein Vertrauen habt, so habt ihr keinen Bestand!«

Als Paulus den Timotheus auffordert, bei dem Erlernten zu bleiben, will er ihm sagen: »Dir wurde ein hervorragendes Glaubensgut vermittelt; lass es dir nicht wegnehmen oder verwässern, sondern besinne dich auf die alten Werte und aktiviere sie in deinem Leben!« Ihre Kraft liegt darin begründet, dass unsere geistlichen Väter und Mütter Erfahrungen mit Gott sammelten, durch die sie entscheidend geprägt wurden. Was sie aus dem Wort Gottes schöpften und was sie persönlich erlebten, wurde ihr kostbarstes Gut. Auf Grund dieses lebendigen Glaubens konnten sie die Härten des Lebens meistern und zuversichtlich in die Zukunft blicken.

Auch wenn es Gründe geben mag, sich Sorgen zu machen, so möchte die Bibel diese Haltung korrigieren. Die potenziellen Nöte, Katastrophen und Tragödien machen Angst; sie sind wie die Wellen, auf die Petrus schaute – und zu sinken begann. Nicht was kommt, ist wichtig, sondern wer kommt! Es ist Jesus, der Messias! Er wird eines Tages wiederkommen, um die Seinen zu sich zu holen (Entrückung). Aber vorher greift er unzählige Male in die Lebensumstände

jedes Einzelnen ein, um zu helfen, zurecht-
zubringen, zu heilen und zu trösten. »Wer
in mir bleibt und ich in ihm, der bringt viel
Frucht« (Johannes 15, 5), sagt er seinen
Nachfolgern.

»Bleiben« ist somit kein statisches Verhar-
ren, sondern ein dynamischer Vorgang.
Diese Art des Verweilens findet sich bei dem
Baum, der seine Wurzeln immer tiefer gräbt
(Psalm 1, 3) und dadurch befähigt wird,
Blätter und Frucht auch dann noch zu tra-
gen, wenn andere hierzu nicht mehr in der
Lage sind. Einem solchen Baum gleicht der
Mensch, der in Gott gegründet ist (Psalm 1,
1-3; Jeremia 17, 7 u. 8).

»Bleibt in mir und ich in euch!« (Johannes
15, 4). Dieses Wort Jesu ist Aufforderung
und Zusage zugleich.
- Aufforderung: »Sucht euch keine anderen
Quellen, die euch über kurz oder lang doch
enttäuschen werden!« (Jeremia 2, 13).
Zusage: »Ich wohne in euch. Deswegen wird
der Feind keine Macht an euch haben. Ihr
seid völlig frei.« (Johannes 8, 36; 10, 28).

Bleibe im Glauben.

Es tut uns gut, das Tiefenwachstum zu suchen, die alten Glaubensquellen wieder zu entdecken und uns an ihnen zu stärken. An ihnen labten sich schon unsere geistlichen Vorfahren, und sie werden auch uns alles geben, was wir benötigen.

58.

»Wenn diese schweigen werden, so werden die Steine schreien.«

Lukas 19, 40

Gott verschafft sich Gehör! Er gebraucht sogar den Mund von Kindern und Säuglingen, um Feinde zum Schweigen zu bringen (Psalm 8, 3). Auch Menschen, von denen man es nicht erwartet, haben oft ein deutliches Empfinden für Gott.

Die Jünger verliehen ihrer Begeisterung Ausdruck. Sie waren durch Jesus, den Messias, angerührt und in ihrer Existenz verändert worden. So möchten sie vor aller Welt bekunden, welche Kraft der Gesalbte Gottes hat und dass durch ihn das Leben einen neuen Sinn erhält. Sie sind nicht nur momentan begeistert, sondern nachhaltig ergriffen. Deswegen werden sie später keine Scheu haben, sich selbst vor den klügsten Köpfen ihrer Zeit zu demjenigen zu bekennen, den sie als ihren persönlichen Befreier erlebt haben und der der Erlöser Israels und der ganzen Welt ist (Apostelgeschichte

4, 20: »Wir können's ja nicht lassen, von dem zu reden, was wir gesehen und gehört haben«; Apostelgeschichte 5, 29: »Man muss Gott mehr gehorchen als den Menschen«).

Steine werden schreien

Nach Meinung derer, die gegenüber Jesus eine kritische Einstellung hatten, sollten seine Jünger theologisch reflektierter sein – und vor allem: zurückhaltender in ihren Äußerungen. Jesus antwortet, indem er sich auf Habakuk 2, 11 bezieht: »die Steine in den Mauern werden schreien«. Es ist klar, dass seine Kritiker in demselben Kontext zu sehen sind wie bei Habakuk: sie sind Unterdrücker und müssen das Gericht Gottes gewärtigen. Wenn schon die Steine in der Mauer das Unrecht hinausschreien, das um sie herum geschieht, um wie viel mehr dürfen die Nachfolger Jesu das Lob Gottes kundtun, wenn sie jubeln: »Gelobt sei, der da kommt, der König, in dem Namen des Herrn! Friede sei im Himmel und Ehre in der Höhe!« (Psalm 118, 26; Lukas 19, 38). Das Reich Gottes kommt, und Jesus ist der von Gott Gesandte. Er hat den Auftrag, unsere Krankheit und unsere Schmerzen zu tragen und die Strafe, die wir verdient haben, auf sich zu nehmen, damit wir Frieden und Heilung empfangen können (Jesaja 53, 4.5). Sollte sich niemand mehr finden, der Gottes Botschaft verkündigt, dann würde sogar den Steinen eine Stimme verliehen werden, damit sie laut und deutlich die Heilstaten Gottes in die Welt hinausrufen könnten. Selbst das tote Material würde dann lebendiger, als es die steinernen Herzen der Menschen wären.

In der Bibel haben Steine häufig eine besondere Bedeutung.
Sie haben teil an der Bezeugung des Handelns Gottes.

* Elia nahm zwölf Steine nach der Zahl der Stämme Israels, um den Altar zu bauen (1. Könige 18, 31.32, Gottesurteil auf dem Karmel).

* Mose baute einen Altar und setzte zwölf Steintafeln dazu, entsprechend den zwölf Stämmen Israels (2. Mose 24, 4).

* Israel soll aus großen Steinen ein Denkmal errichten, das mit Kalk getüncht wird

und auf dem alle Worte der göttlichen Weisung geschrieben sind. Diese Gedenkstätte
soll auf dem Berg Ebal zu stehen kommen
(5. Mose 27, 1-8).

* Die zwölf Steine, die die Israeliten beim
Durchzug aus dem Jordan mitnahmen,
richtete Josua in Gilgal auf (Josua 4, 20-24).
Diese Steine waren eine stete Erinnerung
an die Hilfe Gottes; so sollte der Glaube
wach gehalten werden, dass er auch künftig
helfen werde.

* In zwei Edelsteine (Onyx) sind jeweils
sechs Stämme Israels eingraviert; der Hohe-
priester Aaron trägt diese als Schulterstücke
seines Gewandes und bringt sie dadurch
immer wieder in die Gegenwart Gottes (2.
Mose 28, 9-12).

* Die Zehn Gebote wurden in Steintafeln
geschrieben (2. Mose 24, 12; 31, 18; 34, 1).

* Der Stein, den die Bauleute verworfen
haben, ist zum Schlussstein geworden, der
alles zusammenhält (Psalm 118, 22; Matthäus 21, 42; Markus 12, 10; Lukas 20, 17;
Apostelgeschichte 4, 11; 1. Petrus 2, 7).

* Gott verwandelt Steine in Wasserquellen (Psalm 114, 8).

* Nachdem durch Gottes Eingreifen das schwache Häuflein Israel gegen die Philister gesiegt hatte, errichtete Samuel einen Stein, den er »Eben-Ezer« (Stein der Hilfe) nannte (1. Samuel 7, 12).

* Ohne Zutun eines Menschen wird durch einen Stein das gewaltige Standbild, das die vier Weltreiche darstellt, an den Füßen getroffen, stürzt zusammen und wird zermalmt. Der Stein wird zu einem großen Berg, der die gesamte Welt füllt (Daniel 2, 34.35). Dies weist auf das Reich Gottes hin, das anfänglich klein erscheint, doch schließlich überall anzutreffen sein wird.

* Der Teufel versucht Jesus, aus Steinen Brot zu machen (Matthäus 4, 3).

* Gott könnte dem Abraham selbst aus Steinen Kinder erwecken (Matthäus 3, 9). Johannes macht deutlich, dass die Abstammung von Abraham nicht genügt, um vor Gott gerecht zu sein, sondern dass es auf

eine Sinnesänderung und ein Leben der Demut und der Glaubenstreue ankommt.

* Jesus ist der lebendige Stein, der von den Menschen verworfen ist. Durch ihn sind auch wir lebendige Steine, die ein geistliches Haus bauen sollen (1. Petrus 2, 4.5).

59.

»Deine Huld macht mich groß!«

2. Samuel 22, 36 b

Die hebräische Sprache ist in ihrer Ausdrucksweise manchmal sehr einfach. Es können Worte nebeneinander gestellt werden, deren textliche Gedrungenheit nur mit weiteren erklärenden Begriffen wiedergegeben werden kann. Gelegentlich gibt es für dieselben hebräischen Formulierungen unterschiedliche Verstehens- und Übersetzungsmöglichkeiten. Wo Gott aber zu einem Menschen redet, geschieht dies klar und unmissverständlich. – Die vielfältigen Möglichkeiten des Hebräischen eignen sich auch für Botschaften, die eine Mitteilung enthalten, von der ein Rest noch verhüllt bleiben soll. Es ist die ideale Sprache der Gottesoffenbarungen und der Prophetie, in der Eindeutigkeit und Mehrschichtigkeit widerspruchslos nebeneinander stehen können.

Der weitaus größte Teil der Bibel ist in Hebräisch verfasst. Gott hat sich dieser

Sprache mehr als jeder anderen bedient, um sich kundzutun.

Manche Begriffe haben verschiedene Bedeutungen, die alle korrekt sind und in den Übersetzungen nicht einheitlich wiedergegeben werden können.

Unser obiger Text besteht im Hebräischen nur aus zwei Worten (›anotcha tarbeni‹). Die ältere Luther-Ausgabe hatte: »Wenn du mich demütigst, machst du mich groß«, bei Menge heißt es »deine Gnade ...«, bei Schlachter: »deine Herablassung ...«, bei Tur-Sinai: »dein Erhören«, bei Zunz: »deine Gewährung ...«, bei Elberfelder: »dein Zuspruch ...«, bei Buber: »dein Beugen macht mich groß.« Das zugrunde liegende hebräische Wort kann verschiedenen Stämmen zugeordnet werden. Die treffendsten Bedeutungen gehören den Begriffsfeldern »antworten« und »beugen« an.

»Dein Beugen macht mich groß«, bringt zum Ausdruck, dass unsere selbst geschaffene Größe für Gott hinderlich ist. Wir stehen ihm damit im Weg. Schon immer suchte er die Schwachen und Kleinen. So war es, als er David erwählte (1. Samuel 16, 7), und so findet es sich häufig in der Bibel. »Was schwach ist vor der Welt, das hat Gott erwählt, damit er zuschanden mache, was stark ist« (1. Korinther 1, 27b). Wissen wir um unsere Unbedeutsamkeit, dann schreiben wir Erfolge nicht primär unserem Können und unserem Einsatz zu, sondern wir geben Gott allein die Ehre (Psalm 115, 1).

Die Demut macht uns zwar unscheinbar vor Menschen – aber sie öffnet uns die Tore des Himmels und bringt uns Gott näher.

Gott beugt uns, aber er bricht uns nicht! Er gibt uns eine gefälligere Form, die nicht mehr eigenwillig auf sich selbst hinweist.

Unsere Brauchbarkeit für den Dienst Gottes setzt voraus, dass er sein Werkstück bearbeitet und in die passende Form bringt. Für uns selbst ist das letztlich nicht nachteilig, da der himmlische Werkmeister eine große Belohnung bereit hält. Sie ist im Himmel aufbewahrt; wie die ersten Strahlen der aufgehenden Sonne erfährt unser Leben aber schon hier auf Erden durch unser künftiges Erbe einen Glanz, den es nie bekommen könnte, wenn wir – unkorrigiert – unseren eigenen Weg würden beibehalten wollen.

Dies war dem Apostel bewusst, als er sagte: »Demütigt euch vor dem Herrn, so wird er euch erhöhen« (Jakobus 4, 10).

Das Wort »Demut« gab es schon im Althochdeutschen (»dio-muoti«). Es hat die Bedeutung: »Gesinnung eines Dienenden«. Wenn Gott uns – oft wider unser Erwarten – erhöht, sind wir beschämt und meinen, diese Heraushebung nicht verdient zu haben. Ganz gleich, welchen Segen und welche Vollmacht Gott uns geben wird – wir werden dabei demütig bleiben. Unsere Gesinnung ist die eines Dienenden, der sich dadurch geadelt sieht, dass er dem Herrn der Herren Handreichung tun darf. Das vorausgegangene Beugen und Formen ist uns noch in Erinnerung. Dies bewahrt uns davor, unsere eigene Bedeutung zu überschätzen.

»Den Demütigen gibt er Gnade« (1. Petrus 5, 5c).

60.

»Einer teilt reichlich aus und hat
immer mehr; ein anderer kargt, wo
er nicht soll und wird doch ärmer.«

Sprüche 11, 24

Großzügigkeit schadet nicht. Wer sich von
den Anliegen Gottes erwärmen lässt, stellt
ihm auch das Materielle zur Verfügung, wis-
send, dass wir nur Treuhänder sind und
dass ohne seinen Segen gar nichts in unserem Leben gelänge. Wir sind Verwalter von
Gottes Gütern, seien sie materiell oder geis-
tig. Sie sollen wieder zu seiner Ehre eingesetzt werden. Neben dem Bau des Reiches
Gottes und der Linderung der Not in der
Welt gesteht Gott uns eine Eigensicherung
zu. »Du sollst dem Ochsen, der drischt,
nicht das Maul verbinden!« (5. Mose 25, 4;
1. Korinther 9, 9). Für uns und die Unseren
wird gesorgt. Ja, wir können sogar einen
reich gedeckten Tisch (Psalm 23, 5) vorfin-
den, gegen den die Feinde nichts unter-
nehmen können.

»Gott liebt einen freudigen Geber« (2. Korinther 9, 7), d. h. jemanden, der gern und großzügig gibt. Jesus preist die Witwe, die alles, was sie hatte, für Gott gab (Markus 12, 41-44). Natürlich könnte der Allmächtige, wie er es zur Zeit der Wüstenwanderung tat, Brot vom Himmel regnen lassen (Manna, 2. Mose 16). Er findet immer Wege, um die Seinen zu versorgen (Elia am Bach Krith, 1. Könige 17, 4). Wenn er aber auf etwas zurückgreifen kann, was sich schon in den Händen von Menschen befindet, dann tut er es, um sie an dem Wunder der Versorgung mitwirken zu lassen. So teilte die Witwe – kurz vor dem Hungertod – das Allerletzte mit dem Propheten (1. Könige 17, 12-16) – und litt danach nie mehr Mangel! Eine Volksmenge von Fünftausend (Johannes 6, 1-13) war Jesus an einen abgelegenen Platz gefolgt. Als sie hungrig wurden und es weit und breit nichts zu kaufen gab, speiste Jesus sie. Gott hätte auch ihr Hungergefühl wegnehmen oder Brot vom Himmel schicken können. Doch er zog es vor, ein Kind (Vers 9) in die Versorgung der großen Menge einzubeziehen. Das Kind war bereit, auf seine Portion zu verzichten und sie dem Meister auszuhändigen. Nun erlebte dieses Kind staunend, wie aus dem wenigen, das es dem Meister anvertraut hatte, immer mehr wurde und schließlich die ganze Menge satt werden konnte.

Wer großzügig gibt, der empfängt auch großzügig. Gott selbst wird ein Belohner und Vergelter sein. »Geldgier ist eine Wurzel alles Übels« (1. Timotheus 6, 10). »Gier nach Geld« und »Geiz« haben dasselbe Motiv: sie wollen zusammenraffen, wo immer es geht, und sich von nichts trennen. Dies ist eine Vergötzung des Materiellen – eine Egozentrik, die die Not anderer nicht berücksichtigt.

Dass man Rücklagen bilden und Vorsorge treffen darf, ist legitim (Lukas 14, 28). Auch Joseph verfuhr so in Ägypten. Indem er in den sieben »fetten« Jahren Reserven anlegte, rettete er das Volk über die darauf folgenden sieben mageren Jahre hinweg (1. Mose 41). Die Sozialpflicht des Eigentums findet sich an vielen Stellen der Bibel (Regelungen zur Versorgung der Armen, der Witwen, der Waisen etc.). Auch Paulus stellt fest: »Wenn jemand seine Angehörigen, zumal wenn sie seine Hausgenossen sind, nicht versorgt, so hat er damit den Glauben verleugnet und ist schlimmer als ein Heide« (1. Timotheus 5, 8).

Sprüche 11, 24 macht uns Mut, großzügig zu geben: .»Wer mit vollen Händen austeilt, bekommt immer mehr.«

Was wir ins Reich Gottes investieren, ist wie Saatgut, das reichlich aufgeht. Der Geber kommt dabei selbst nicht zu kurz. Er wird eine vielfältige Ernte sehen: hier auf Erden und später im Himmel. Nicht umsonst spricht Jesus von dem himmlischen Schatz (Matthäus 6, 20), der unzerstörbar ist.
»Wer reichlich sät, der wird auch reichlich ernten« (2. Korinther 9,6).

61.

»Du sollst nicht ackern zugleich mit einem Rind und einem Esel!«

5. Mose 22, 10

Das Rind kann einen schwer beladenen Wagen ziehen; es findet ebenso zum Pflügen Verwendung. Ist die Last zu groß, so spannt man es mit einem anderen Rind – d. h. einem Gleichstarken – unter einem Joch zusammen. Dies führt zur Harmonisierung des Arbeitsablaufs und zur Koordinierung der Kräfte.

Der Esel dient als Reittier und befördert auf seinem Rücken Lasten. Die Arbeiten, zu denen Rinder sich eignen, würden den Esel überfordern. Wo es allerdings nicht primär um den Einsatz geballter Kraft, sondern um Wendigkeit geht, ist der Esel im Vorteil. Er transportiert Last und Reiter auf Saumpfaden ins Gebirge, weil er ein guter Kletterer ist. In Israel diente der Esel allen Bevölkerungsschichten als Fortbewegungsmittel. Man nutzte ihn auch als Arbeitstier bei der

Feldbestellung. Für den Personentransport wird der Esel gesattelt.

Der Esel genoss schon in früher Zeit eine hohe Wertschätzung. Ein großer Teil des Transportwesens wurde mit der Hilfe von Eseln abgewickelt.

Auch Jesus ritt auf einem Esel in Jerusalem ein (Matthäus 21). Er knüpfte damit an eine alte königliche und prophetische Tradition an.

In Sacharja 9, 9 heißt es »… dein König… reitet auf einem Esel, einem Füllen, dem Jungen der Eselinnen.« Laut Sacharja wird der verheißene König (Jesus) auf einem männlichen Esel reiten; Markus 11, Lukas 19 und Johannes 12 erwähnen nur einen einzigen Esel, nämlich das Jungtier. So dürfte Jesus auch gemäß Matthäus 21, wo ein Muttertier und sein Junges erwähnt werden, auf dem männlichen Jungtier geritten sein, während das Muttertier mitlief.

Auf dem Rücken eines Esels war schon Abraham zur beabsichtigten Opferung Isaaks geritten (1. Mose 22, 3.5). Während das Pferd hauptsächlich militärisch verwendet wurde, galt der Esel als Symbol des Friedens. Gott hat nicht nur Tiere mit unterschiedlichen Fähigkeiten versehen, sondern auch die Menschen. Dies muss beachtet werden, damit niemand am falschen Platz eingesetzt wird.

Im Bereich der gemeinsamen Arbeit ist auf die Gleichheit der Kräfte zu achten. In vielen anderen Lebensbereichen kann dagegen die Unterschiedlichkeit bereichernd sein, weil einer den anderen in dem ergänzt, was ihm selbst fehlt (Komplementarität).

Gott will den Esel nicht als Rind einsetzen – und umgekehrt.

Dass Menschen gläubig sind, besagt noch lange nicht, dass sie sich zu allen beliebigen Tätigkeiten eignen und man sie sowohl zum Musikdienst als auch zum Predigen, für die Evangelisation wie für die Verwaltung usw. einsetzen kann.

Setzt man Menschen am falschen Platz ein, so kommt es zu Über- und Unterforderungen, Versagenserfahrungen, inneren Verletzungen, Depressionen u.a.

Nach göttlicher Weisung sollen Rind und Esel nicht gemeinsam vor den Pflug oder den Wagen gespannt werden. Auf ihren unterschiedlichen Arbeitsfeldern – jeder an seinem Platz – leisten sie dagegen eine vorzügliche Arbeit. Berücksichtigt man das nicht, so ist für jeden von ihnen die Ungleichheit der Kräfte unerträglich; das Arbeitsergebnis ist negativ.

Niemand ist ungeeignet – nur weil er nicht so ist, wie er es sich wünscht – oder wie andere sich ihn wünschen. Auch der Zurückhaltende und der Schwache haben ihren Platz. Selbst wer nicht an die Öffentlichkeit tritt, kann im stillen Kämmerlein beten und damit das Reich Gottes fördern.

Im Dienst für Gott hat jeder seine ihm zugemessene Aufgabe, die aber nicht in Konkurrenz zu anderen steht, sondern deren Gaben und Tun ergänzt. Dieses ganzheitliche Zusammenwirken wird im Neuen Testament dem Leib Jesu zugeschrieben (1. Korinther 12, 12-31).

Lasst uns den anders Befähigten voller Achtung und voller Liebe sehen! Gott manifestiert sich in der Vielfalt.

62.

»...freue dich an der Frau deiner Jugend...«

Sprüche 5,18

Der Mensch, den man in jungen Jahren heiratet, bewirkt in einer besonderen Weise tiefe Eindrücke. Die Formung durch die Gemeinschaft mit ihm tritt zu den Prägungen hinzu, die das Elternhaus vermittelt hat. Eine enorme Persönlichkeitsentwicklung kommt in Gang! In fröhlicher Offenheit und in jugendlicher Unbeschwertheit schenkt dieser Mensch sich uns ganz, und gemeinsam bewältigt man die Höhen und Tiefen des Lebens. Man gründet eine Familie und wird später gemeinsam alt.

Als »Jugend« verstand man zu biblischen Zeiten den Menschen bis 20 Jahre, manchmal auch bis 25 oder 30. An der »Frau deiner Jugend« sollst du dich freuen, sagt Sprüche 5, 18. Ihre Liebe soll dich sättigen, und an ihr sollst du dich berauschen (V. 19). So schön und herrlich die körperliche Liebe auch ist, so stellt sie doch nur einen

Aspekt des Gesamten dar. Liebe ist wesentlich mehr als beglückende körperliche Erfahrungen oder stimmungsvolle Stunden. Sie ist ein Geschenk und eine Lebensaufgabe. Je länger man zusammenlebt, desto wichtiger werden die inneren Schätze des Ehepartners. Hierzu zählen: Verlässlichkeit, Treue, Geduld, Hilfsbereitschaft, Großzügigkeit, Freundlichkeit, liebevolles Verhalten, zuvorkommendes Wesen. Dies ist nur eine Auswahl der Wesenszüge, die beim Menschen im Verlauf des Reifwerdens hervortreten sollen und die als besonders wohltuend empfunden werden. Sie sind wie Felsen in der Brandung, die die Wellen brechen. Werte, die früher unscheinbar waren, werden nun als wertvoller empfunden denn je zuvor. Sie haben Bestand, auch wenn die Spannkraft des Körpers nachlässt und die sexuellen Begegnungen seltener werden. Die Liebe der langjährig Verheirateten, die innerlich eins geworden sind, ist durch ein großes Maß an Zärtlichkeit und Zuwendung gekennzeichnet.

Damit niemand auf die Idee kommt, für die eigene Untreue die Ehefrau verantwortlich zu machen, wird in Maleachi 2, 15 deutlich gesagt: »Werde der Frau deiner Jugend nicht untreu!« Anders gesagt: »Wirf im Alter deine Frau nicht weg, um sie durch eine jüngere zu ersetzen, bei der du wieder frühlingshafte Gefühle verspürst!« Dass diese Aufforderung gerade an den Mann ergeht, liegt wohl daran, dass Männer, die »in die Jahre kommen«, häufig von Panik ergriffen werden und mit Hilfe einer anderen Frau wieder »jünger« werden wollen. Sie stellen sich nicht den Fragen des Lebens, die jede Krise enthält, und formulieren falsche Antworten auf die unausweichlichen Lebensfragen. Frauen neigen zu solchen Verdrängungen nicht im gleichen Maße. Die Flucht zurück erscheint ihnen nicht erstrebenswert.

Liebe – Geschenk und Aufgabe

Dem Mann wird gesagt: Bleibe deiner Frau treu, und freue dich an ihr! Mach etwas aus deiner Ehe! Deine Frau ist interessanter, als du meinst! Schau nicht nach anderen, sondern wende dich ausschließlich derjenigen zu, die du in jungen Jahren geheiratet hast! Du wirst staunen, welche Liebesglut in eurer Ehe noch – oder neu – zu wecken ist. Je älter die Ehe ist, desto schöner kann das

Leben zu zweit werden. Störe dich nicht an den Falten deiner Frau und ihren grauen Haaren, sondern entdecke von neuem ihre Schönheit – die innere und die äußere! Bedenke bitte, dass auch du nicht jünger und hübscher geworden bist, sondern auch an dir der Zahn der Zeit genagt hat! Die »Frau der Jugend« soll auch die »Frau des Alters« sein. Wie Gott uns von Anfang bis zum Schluss die Treue hält, so sollen auch wir es in unserer Ehe tun.

63.

»Als Daniel erfuhr, dass das Schrift-
stück unterzeichnet war, ging er hin-
auf zu seinem Haus. In seinem Ober-
geschoss hatte er Fenster nach
Jerusalem hin offen. Zu drei Zeiten
des Tages kniete er nieder, auf seinen
Knien betete er und dankte vor seinem Gott, so wie er es immer schon
getan hatte.«

Daniel 6, 11

Die Falle war zugeschnappt. Mit einer
geschickten Intrige sollte Daniel aus-
gelöscht werden. Der arglose König war
zum Komplizen der Verschwörer geworden,
ohne sich dessen bewusst zu sein.
Als Daniel erfuhr, dass er in einer tödlichen
Falle saß, geriet er nicht in Panik. Oft genug
hatte er schon die Treue Gottes erlebt. In
schweren Situationen war er bewahrt worden. Obwohl er in ein fremdes Land ver-
schleppt und von Götzendienst umgeben

war, behielt er Gott in seinem Herzen. Weiterhin hielt er fest an dem, was ihm zu Hause, im Land der Väter, an Glaubens-Unterweisung zuteil geworden war. Trotz vieler Jahre in der Fremde ließ er sich davon nicht abbringen. Im Gegenteil, je länger er von Jerusalem und von den vertrauten Gottesdiensten weg war, desto klarer richtete er sich dorthin aus.

In diesem Vers finden wir mehrere bedeutende Aussagen:

1. Haus: Beim Bewusstwerden der Gefahr begibt sich Daniel in sein Haus – dorthin, wo er sich wohl fühlt und entfalten kann.

2. Gebetsstätte: Er hatte Fenster, die offen und nach Jerusalem ausgerichtet waren. Nichts sollte seine Gebete aufhalten.

3. Gebetsrichtung: Sein Herz sehnte sich nach Gott und nach Jerusalem, der Stätte des einst so herrlichen Tempels. Seit der Einweihung des Tempels durch Salomo (1. Könige 8, 48) bevorzugte man es, seine Gebete in Richtung Jerusalem, der Stadt Gottes, zu sprechen.

4. Gebetshäufigkeit: Morgens, mittags und abends betet er. Schon in Psalm 55, 18 wird dieser Brauch erwähnt. Jüdische Gläubige tun dies heute noch.

5. Gebetshaltung: Er kniet vor Gott – eingedenk der Majestät Gottes. Eine lässige Gebetshaltung ist in der Bibel unbekannt.

6. Gebetsinhalt: Er preist Gott. Sein Herz ist erfüllt mit dem Lob Gottes. Die gegenwärtigen Umstände beeinträchtigen seine Glaubensfreude nicht. Auch macht er sich keine Sorgen wegen des Komplotts, sondern er überlässt es Gott, was daraus werden soll.

Daniel weiß, dass sein Ergehen und seine Zukunft ausschließlich in Gottes Hand liegen. Mögen Feinde noch so toben – die wichtigsten Entscheidungen werden im Himmel – und nicht auf Erden – getroffen. Im Wissen um die Allmacht und die Fürsorge Gottes bleibt Daniel ruhig.

Die Feuerprobe steht ihm aber noch bevor. Daniel wird den Löwen vorgeworfen. Was niemand für möglich hielt, geschieht: Daniel bleibt unversehrt. Die Bestien dürfen ihn nicht antasten. »Und man fand keine Verletzung an ihm, der seinem Gott vertraut hatte« (Daniel 6, 24b).

Nicht immer gehen Gefahrensituationen so gut aus. Doch steht es in Gottes Hand, all unsere Not zu wenden. Das Gebet soll als primären Inhalt den Lobpreis und die Anbetung Gottes haben. Je mehr wir uns seine Größe und Macht vor Augen halten, desto näher kommen wir ihm und desto mehr wächst unser Glaube.

64.

»... er suchte auch in seiner Krankheit nicht den Herrn ...«

2. Chronik 16, 12

Oft ist es nicht angebracht, nach Schuld zu fragen, wenn jemand krank ist. In Johannes 9, 2.3 hat Jesus dieses Ansinnen abgewiesen. Es besteht nicht immer die Kausalität: jemand ist krank, weil er gesündigt hat. Nach den Worten Jesu geht es nicht unbedingt darum, die Ursache zu kennen, sondern den Zweck: »Was soll ein Vorkommnis in unserem Leben bewirken? Was will Gott damit erreichen?«

In Johannes 9 war es ganz klar: Gott wollte sich verherrlichen. Er wollte einem Menschen das Geschenk der Gesundheit geben, das ihm Ärzte in diesem Fall nicht geben konnten. Weder der Blindgeborene noch seine Eltern hatten gesündigt und hierdurch die Blindheit verursacht. Vielmehr hatte Gott sie zugelassen, um zu zeigen, dass es keine Grenzen für seine Macht gibt. Gesund werden zu wollen ist ein legitimes

Anliegen. Gott selbst ist unser Arzt (2. Mose 15, 26), und er befähigt Menschen, die sich Heilwissen angeeignet haben (Ärzte), uns zu helfen. Manche Krankheit hat ihren Sinn darin, das bisherige Leben zu überdenken und es zu ordnen. Über die Zwangspause und die Beeinträchtigungen bietet sich die Chance, ein neues Lebenskonzept zu entwickeln. Durch Gesundheits- und Lebenskrisen werden wir aufgefordert, innezuhalten und unseren bisherigen Kurs zu hinterfragen. So bietet sich die Möglichkeit der Besinnung, der Umkehr und der Neuorientierung.

König Asa nutzte diese Chance nicht. In seinem Leben gab es keine klare Linie mehr. In jüngeren Jahren hatte er aus voller Überzeugung gegen den Götzendienst gekämpft und war für den unverfälschten Glauben eingetreten. Immer wenn er Gott gehorchte, erfuhr er, wie mächtig ihm auch in schwierigen Situationen geholfen wurde. Mit zunehmendem Alter kümmerte er sich weniger um Gottes Willen, sondern handelte nach eigenem Gutdünken. Den Seher Hanani, der ihn auf Gottes Geheiß zurechtwies, ließ er ins Gefängnis werfen. Von einer innigen Beziehung zu dem lebendigen Gott war nichts mehr zu spüren. Je älter er wurde, desto unzugänglicher wurde er. Schließlich befiel ihn eine schlimme Krankheit. Dies war eine einzigartige Chance, sein Leben zu überdenken und mit Gott wieder ins Reine zu kommen. Asa verwarf diesen Gedanken – und verrannte sich noch mehr in seiner Aufsässigkeit und Sturheit. Er wollte keine Buße tun und zu Gott umkehren! Auch die existenzielle Botschaft der Krankheit – zu einem sinnerfüllten Leben zu finden – wollte er nicht vernehmen. Er hatte keinen Frieden mit den Menschen und auch keinen Frieden mit Gott. Niemand sollte ihm in seine Lebensgestaltung hineinreden. Auch Gott nicht! Asa wollte sein eigener Herr sein!

Selbst in dieser schweren, medizinisch nicht behandelbaren Krankheit hielt er sein Herz für Gott verschlossen. Sein Vertrauen galt ausschließlich den Ärzten. Sie sollten ihm dazu verhelfen, wieder gesund zu werden, damit er sein altes, selbstbestimmtes und gottfernes Leben würde weiterführen können.

Nach zweijähriger Krankheit starb Asa in Auflehnung gegen Gott. Er hatte sich nicht zur Buße rufen lassen.

In jungen Jahren war er ein vorbildlicher, gottesfürchtiger Mann gewesen. Doch wie so manch andere (Gideon, Salomo) hielt er nicht durch bis zum Ende. »Schaut den Ausgang ihres Wandels an, und ahmt ihren Glauben nach!«, wird uns in Hebräer 13, 7 bezüglich unserer Glaubensvermittler gesagt.

Wir sollen nachdenklich werden und darauf achten, dass unser Herz immer ungeteilt dem lebendigen Gott gehört. Wenn wir nicht bis zum Ende treu sind, kann es uns einmal ähnlich ergehen wie jenen, die sich auf ihre früheren Taten im Dienst Gottes beriefen und zu denen Jesus in Matthäus 7, 21-23 sagt: »Ich kenne euch nicht!«

65.

»Salomo liebte den Herrn, so dass er in den Satzungen seines Vaters David wandelte ...«

1. Könige 3, 3

»Salomo tat, was dem Herrn missfiel, und folgte dem Herrn nicht gänzlich nach wie sein Vater David.« – »Der Herr wurde zornig über Salomo, weil sein Herz sich abgewandt hatte von dem Herrn, dem Gott Israels, der ihm zweimal erschienen war.«

1. Könige 11, 6.9

Seine vielen Frauen brachten ihn zu Fall. Dieser König hatte von Gott eine so außergewöhnliche Weisheit erhalten, dass sein Ruf überallhin erscholl und auch im Neuen Testament auf ihn Bezug genommen wird. Anfänglich war sein Herz rein gewesen. Er wollte nichts von den Gütern dieser Welt wissen; er war weder machtgierig noch intrigant. Auch war er nicht kriegslüstern. Voll und ganz hatte er sich dem lebendigen Gott zur Verfügung gestellt, und er sah seine Lebensaufgabe darin, den Ruhm Gottes zu mehren und das Volk Israel mit Güte und Weisheit zu regieren. Den Tempel, für den sein Vater David die materiellen Voraussetzungen geschaffen hatte, durfte er bauen. Bei dessen Einweihung erschien die Gegenwart Gottes in einer solchen Eindrücklichkeit, dass alle vor dem Höchsten, dem König der Könige, niederfielen.

Große Segnungen kennzeichneten das Leben Salomos.

Bei der innigen Gottesliebe, mit der er seinen Wandel begonnen hatte, blieb es aber nicht. Nach und nach gewann eine Schwachstelle des Königs die Oberhand. Sie war primär noch nicht gegen Gott gerichtet, sondern eher im privaten Bereich angesiedelt. Trotz Verbots in 5. Mose 17, 17 liebte Salomo die Vielfalt des weiblichen Geschlechts! (1. Könige 11, 1). Politisch geschickt, »sammelte« er aus den verschiedensten Ländern Töchter der besseren Gesellschaft und ehelichte sie. So kam er zu 700 Hauptfrauen und 300 Nebenfrauen

(1. Könige 11, 3). Sie alle sollten sich bei ihm wohlfühlen. Da sie weit weg von zu Hause waren, ermöglichte er ihnen, ihr bisheriges kulturelles und religiöses Umfeld zu pflegen. Zu diesen Einflüssen, die das Gottesvolk Israel verfremdeten, zählten auch Tempel der jeweiligen Heimat-Gottheiten nebst den zugehörigen »Gottesdiensten«. Bei manchen Göttern schloss dies sexuelle Praktiken, Astrologie, Kinderopfer mit ein. Aus heutiger Sicht war Salomo tolerant, aufklärerisch, religiös pluralistisch geworden. Er sah Glaubensangelegenheiten nicht mehr so eng, wie es Mose getan hatte und wie es die Propheten auch weiterhin taten. Die Geradlinigkeit des einen und wahren Gottes hatte Salomo verlassen, und sein Herz hatte sich vom Herrn abgewandt. In Salomos Herzen gab es jetzt auch Platz für fremde Götter. Wenn deren Anbeterinnen – seine Frauen – so liebreizend waren, konnten diese Gottheiten wohl auch nicht so schlimm sein?! Seine falsch verstandene Toleranz ließ ihn den Anspruch Gottes aufgeben, der dem Volk Israel schon früh vermittelt worden war und der auch heute noch ein wichtiges Glaubensbekenntnis ist:

»Höre, Israel, der Herr, unser Gott, der Herr ist einzig« (5. Mose 6, 4).

Wie halten wir es mit dem lebendigen Gott? Ist er unser Ein und Alles, so dass wir sagen können: »Wenn ich nur dich habe, so frage ich nichts nach Himmel und Erde. Wenn mir gleich Leib und Seele verschmachten, so bist du doch, Gott, allezeit meines Herzens Trost und mein Teil« (Psalm 73, 25.26).

Wie steht es mit unserer »ersten Liebe« (Offenbarung 2, 4)? Deren Fehlen kann auch nicht durch Missionseifer, Rechtgläubigkeit, reichliches Spenden usw. ersetzt werden. Gott sucht die Glut der ersten Liebe lebenslang bei uns. Ohne sie sind wir verloren.

66.

»… er hatte offene Fenster in seinem Obergemach gen Jerusalem – und er fiel dreimal am Tag auf seine Knie und betete, lobte und dankte seinem Gott …«

Daniel 6, 11

In Daniels Haus waren die Fenster des Obergemachs nach Jerusalem ausgerichtet. Sie waren offen. Seine Sehnsucht richtete sich nach der Stadt, in der Gottes Heiligtum stand. Dreimal am Tag kniete er am offenen Fenster und betete. Auch wenn er gezwungenermaßen in der Ferne weilen musste, ging seine Sehnsucht dorthin, wo sich das Allerheiligste befand.

In der Bibel wird Jerusalem etwa 800-mal erwähnt, im Koran überhaupt nicht. Für alle Zeiten ist Jerusalem die heiligste Stadt. Hierbei befinden sich die Christen in ungebrochener Tradition mit dem jüdischen Volk. Alles Geschehen, in dessen Mittelpunkt das Volk Israel und Jerusalem stehen, hat auch für uns eine große Bedeutung. In Rom oder anderen Weltstädten war Jesus nie! In Jerusalem aber litt und starb er! Dort geschahen die heilsgeschichtlich entscheidenden Ereignisse (Tod und Auferstehung Jesu, Pfingsten). Und dort werden auch in der Zukunft viele wichtige Dinge geschehen. Nach biblischer Verheißung werden Gottes Füße auf dem Ölberg stehen, und der Ölberg wird sich spalten (Sacharja 14,4).

Die ersten Gemeinden, die an Jesus als Messias glaubten, gab es in Jerusalem. Von dort ging die Verbreitung des Evangeliums weiter, und es erfasste alle Länder.

Auch die nichtjüdischen Völker sind in Gottes Erlösungsplan einbezogen. Schon in frühester Zeit wird dies deutlich, indem Ruth zum Glauben Israels konvertiert und eine Vorfahrin Davids (Ruth 4, 21.22) – und damit Jesu (Matthäus 1, 5.16; Lukas 3, 23.32) – wird. Selbst eine so verachtete Person wie die Hure Rahab (Josua 2) aus Jericho fand Gnade vor Gott und zählt zu Jesu Vorfahren (Matthäus 1, 5).

Jesus verkündigte zuallererst seinem eigenen Volk die Frohe Botschaft des Reiches Gottes; auch Paulus hielt es für vordringlich, sich zuerst an diejenigen zu wenden, denen die Schriften der Väter (Altes Testament) vertraut waren. Doch ergab es sich, dass immer mehr Nichtjuden sich nach der befreienden Kraft Gottes ausstreckten, wie sie im Evangelium so deutlich zutage tritt. Schon Petrus, der Apostel der Juden, hatte dies erkannt (Apostelgeschichte 10, 35). Umso mehr Paulus, dem auf seinen Reisen die Not derjenigen vor Augen trat, die ohne göttliche Weisung (Thora) leben mussten. Teils waren sie auf der Suche nach dem wahren, unvergänglichen Leben, teils befanden sie sich in schrecklichen Verirrungen und in der Dienstbarkeit gegenüber Götzen, wodurch ihr Zustand immer schlimmer wurde.

Paulus, der zum Apostel der Nichtjuden geworden war, war sich dessen bewusst, dass Gottes Gnade nicht von Israel gewichen sei. Eine andauernde Verlorenheit Israels kann es nicht geben (Röm. 9-11). Israel ist der gute, alte Ölbaum, in den die anderen Völker als wilde Zweige eingepfropft sind und von dem sie ihr Leben empfangen. Aus dem Munde Jesu klingt das folgendermaßen: »Das Heil kommt von den Juden« (Johannes 4, 22). Im Jahre 1996 wurde Jerusalem 3000 Jahre alt. In Zeiten des Glanzes und der Herrlichkeit, aber auch in Zeiten der Not und der Verfolgung hat Gott sich als der Treue und Beständige erwiesen. Zeitweilige Vernichtung, Besetzung durch Feinde u. ä. konnten die Erwählung Jerusalems – und somit auch Israels – nicht aufheben. Es wird auch weiterhin existieren. Seine Berufung als Stadt Gottes auf Erden ist unumkehrbar. Hierin liegt eine Vorausschattung auf das himmlische Jerusalem (Offenbarung 21; Galater 4, 26; Hebräer 12, 22), das die ewige Heimat aller Gläubigen sein wird.

Allen Androhungen und Verfolgungen zum Trotz hielt Daniel an seinem Gott, an seinem Glauben und an seinen regelmäßigen Gebeten fest. Dreimal täglich betete er zu seinem Gott – und wandte sich dabei nach Jerusalem, der Stadt Gottes; wir könnten vorausgreifend sagen: er orientierte sich dorthin, wo Jesus sterben würde, um uns alle zu erlösen. Noch in der Zeit der frühen Kirche wandten die Christen beim Beten ihren Blick nach Jerusalem, weil sie wussten, dass dort das Zentralereignis der Menschheitsgeschichte stattgefunden hatte: der Sieg Jesu Christi über Tod und Sünde.

Der treue, lebendige Gott half Daniel auch in allergrößter Todesnot und bewahrte ihn. Als er aus der Löwengrube herausgezogen wurde, »… wurde keinerlei Schaden an ihm gefunden; denn er hatte auf seinen Gott vertraut« (Daniel 6, 24).

Verzeichnis der Bibelstellen

Themenverzeichnis

S. 107; S. 116; S. 117; S. 123; S. 130; S. 146; S. 190; S. 193

Rettung: S. 69; S. 91; S. 104; S. 106; S. 142; S. 155

Segen: S. 76; S. 77; S. 78; S. 79; S. 80; S. 119; S. 120; S. 142; S. 149; S. 163; S. 164; S. 170; S. 201; S. 202

Stärkung: S. 35

Vergebung: S. 30; S. 31; S. 40; S. 64; S. 70; S. 92; S. 93; S. 94; S. 111; S. 125; S. 148

Verheißungen: S. 14; S. 15; S. 76; S. 86

Vertrauen: S. 11; S. 12; S. 13; S. 26; S. 57; S. 77; S. 134; S. 187; S. 188; S. 220

hänssler

Weitere Bücher von Hans-Joachim und Ruth Heil:

Liebe kennt eine Grenze
Pb., 200 S., Nr. 854.161, ISBN 3-7751-9161-5

Die Geschichte zweier Menschen, Markus und Stefanie, die von dem Autorenehepaar auf dem Weg durch ihre Verlobungszeit begleitet wurden: Teile des Briefwechsels der damals Verlobten und Tagebuchauszüge lassen Sie an ihren Kämpfen, an ihrer Freude und tiefen Zusammenwachsen teilhaben! Diese Erfahrungen und Erlebnisse aus ihrer Verlobungszeit möchten Markus und Stefanie mit all denen teilen, die um die Einzigartigkeit der Liebe wissen und diese Kostbarkeit nicht leichtfertig verschenken wollen!

Bitte fragen Sie in Ihrer Buchhandlung nach diesem Buch!
Oder schreiben Sie an den Hänssler Verlag, D-71087 Holzgerlingen

hänssler

Teils sonnig, teils bewölkt
Heiteres und Besinnliches aus dem
Familienalltag
Pb., 104 S., Nr. 854.015, ISBN 3-7751-9015-5

Geschichten, die das Leben schrieb – heitere und besinnliche Geschichten und Erlebnisse mit Ehepartner und Kindern wurden dem Autorenehepaar zugetragen, die auch selbst einige persönliche Erfahrungen mit einbrachten.

»Jede dieser Geschichten kann ein Lernprozess auslösen, vorausgesetzt, Sie sind dazu bereit ... Wenn es Ihr Wunsch ist, dass Ihr Ehepartner und Ihre Kinder sich ändern, hören Sie auf, darauf zu warten. Fangen Sie an zu handeln. Beginnen Sie zu geben. Lassen Sie dem grauen Alltag nicht die Chance, Ihre Ehe und Familie zu zerstören ...«

Hans-Joachim und Ruth Heil

Bitte fragen Sie in Ihrer Buchhandlung nach diesem Buch!
Oder schreiben Sie an den Hänssler Verlag,
D-71087 Holzgerlingen